KB006428

한국체육대학교 학술교양총서

한국의 스포츠신문

한국체육대학교
학술교양총서
003

한국의
스포츠신문

김경호

글누림

간행사

한국체육대학교 학술교양총서 발간에 부쳐

아이작 뉴턴은 생의 막바지에 이런 말을 남겼다.

"나는 바닷가에서 노는 소년과 같았다. 가끔씩 보통 것보다 더 매끈한 돌이나 더 예쁜 조개껍데기를 찾고 즐거워하는 소년. 그러는 동안에도 내 앞에는 광대한 진리의 바다가 미지의 상태로 펼쳐져 있었다."

뉴턴의 아포리즘은 학인(學人)의 삶, 그 숙명을 함축한다. 배움은 진리를 사랑함이니 사과 한 알, 조개껍데기 하나로써 세상의 작동원리를 갈음한 천재의 언어로 부족함이 없다. 그의 통찰은 '거인의 어깨 위에 앉은 난쟁이'의 비유에서 가장 높은 경지에 이른다.

"내가 더 멀리 보았다면 이는 거인들의 어깨 위에 올라서 있었기 때문이다(If I have seen further, it is by standing on the shoulders of giants)."

로버트 머튼이 쓴 『거인의 어깨 위에서』는 뉴턴의 비유가 매우 오래

된 인용문임을 밝힌다. 뉴턴은 조지 허버트를, 허버트는 로버트 버튼을, 버튼은 디에고 데 에스텔라를, 에스텔라는 존 솔즈베리를, 그리고 솔즈베리는 베르나르 사르트르를 인용했다.

마태오가 적어나간 아브라함 가문의 내력과도 같지 않은가? 천재의 아우라가 해묵은 은유에 생명을 불어 넣었으리라. 거인과 어깨의 계보는 또한 진리의 오솔길. 그 길은 오로지 나아감이 있을 따름이다. 학인의 숙명은 미지의 열락을 찾아 헤매는 지상의 나그네다.

한국체육대학교 학술교양총서는 어깨에 어깨를 걸고 인내로써 천년의 탑을 포개려는 정성의 결실이다. 1977년 개교 이래 성상을 거듭해 정진해온 대한민국 유일의 종합체육대학으로서 학문적 성과와 현장의 경험을 집약하고자 하는 목적으로 시작되었다.

총서가 가야 할 길은 멀다. 완급과 부침이 없지 않겠으나 우리는 장경을 새기는 정성과 인내로써 점철할 것이다. 순정한 지향과 의지가 끝이요 마치다. 영원을 향해 걷는 걸음의 시작 앞에서 비나니, 끝끝내 진리의 대양에 이르러 현학들과 조우하기를 빈다.

2020년 2월
한국체육대학교 학술교양총서 편집동인을 대표하여
제7대 총장 안용규 씀.

머리말

퀴즈 하나. "한국 최초의 스포츠신문은?"

"일간스포츠." 맞았다. 참 쉽다. 스포츠 광이라면 이 정도쯤은 상식일 것이다. 하지만 반쯤 맞았다. 아니, 그게 아니고 틀렸다고 해야겠다. 한국 최초의 스포츠신문은 '일간스포츠'가 아닌 '일간스포츠신문'이기 때문이다.

제호는 비슷하지만 두 신문은 엄연히 다르다. 현재 중앙일보사에서 발행 중인 일간스포츠는 1969년 한국일보사에서 창간한 스포츠 전문 일간지다. 그보다 6년 빠른 1963년 일요신문사에 의해 '일간스포츠신문'이란 스포츠 전문지가 창간됐고, 불과 1년 만에 경제신문으로 변신했다는 사실을 아는 이는 많지 않다.

이 책은 2019년 2월 한국체육대학교 대학원 박사과정을 졸업하며 제출한 논문 '국내 스포츠신문의 변천과 사회이론적 해석(Historical Process and Theoretical Analysis of Sports Newspapers in Korea)'을 엮어 출간한 것이다.

잘 알려지지 않았던 한국 최초의 스포츠전문 일간지의 존재를 확인하고, 이 땅에 본격적인 스포츠신문 시대를 연 일간스포츠를 비롯해 스포츠서울, 스포츠조선, 스포츠투데이, 굿데이 등이 남긴 한국 스포츠신문의 흥망성쇠 과정을 신문 및 문헌연구와 관련자 심층인터뷰를 통해 정리했다. 아울러 스포츠신문이 시대마다 전한 이데올로기는 무엇이었는지, 사회 이론의 해석을 덧붙여 분석해 보았다.

2010년 한국체육대학교에서 석사과정을 시작하면서 '지금까지 남의 이야기를 기사로 옮기는데 열중했다면 이제는 내가 일해 온 스포츠언론 분야에서 무엇인가를 기록으로 남기고 싶다'는 의욕을 갖게 됐다. 20여 년 스포츠신문에서 울고 웃은 터라 스포츠기자들 스스로 '한국 언론계의 서자'라고 자조하는 스포츠신문에 자연스럽게 주목하게 됐다.

온라인 시대에 생사기로에 선 스포츠신문의 미래와 관련한 논문으로 석사과정을 마친 뒤 이제 한 시대를 마감하고 있는 스포츠신문의 역사를 짚어보고 싶었다. 박사 과정 전공으로 체육사를 선택한 것은 옳았다. 스포츠 기자로서 지금까지 걸어온 길이 바로 한국 스포츠 역사의 생생한 현장이었기 때문이다.

1989년 국내 최고의 스포츠 신문인 일간스포츠에 입사한 이후 한 군데서 채 10년도 채우지 못하고 스포츠투데이, 굿데이 창간 멤버로 옮겨 다니다 '신문불패'의 신기루가 깨지는 불행한 현장에서 삭풍을 맞은 터라 한국 스포츠 신문 흥망성쇠 역사는 일정 부분 나의 이야기나 다름없었다.

연구 과정은 힘들었지만 매우 보람 있는 시간이었다. 한국 최초의 스포츠신문이 1963년에 나왔다가 금세 없어지고 말았다는 이야기를 들은 바는 있으나 그 신문의 실체를 확인하고 거기에서 직접 땀흘려 일했던 선배들의 생생한 증언을 들었을 때의 기쁨은 형언하기 어렵다.

5·16 쿠데타 이후 박정희 정권이 깊숙이 관여한 일간스포츠신문은 후신 한국경제신문사 지하 창고에 창간호부터 대부분 소중하게 보관돼 있었다. 헬륨 가스로 특수처리 된 창고 문을 열고 들어가 부식 직전에 이른 옛날 신문을 조심스럽게 넘기던 때의 감동과 흥분은 지금도 선명하다.

일간스포츠, 스포츠서울 등 옛날 신문을 찾기 위해 휴일이면 국회도서관, 국립중앙도서관을 수없이 들락거렸다. 희미해진 기록과 흔적들을 꿰기 위해 동분서주하는 후배에게 기꺼이 시간을 내고 증언해 주신 유홍락, 오일룡, 이태영, 김두호, 김덕기, 홍윤표, 신명철, 이영걸, 박건만, 박재영, 조석남, 정경문, 이성춘 등 여러 선배님들께 각별히 감사 인사를 드린다.

1961년부터 서울경제신문 체육면을 통해 치밀하게 준비한 끝에 장기영이 창간한 일간스포츠는 1970년대 한국의 경제성장, 청년문화 발전과 함께 비약적으로 성장했다. 고우영 만화를 연재한 게 신문의 폭발적 성장과 더불어 한국 성인만화 발전에 기여하게 된 계기가 됐다. 스포츠서울은 1985년 신군부 정권의 3S정책과 맞물려 창간됐지만 컬러인쇄 및 전면 가로쓰기와 한글전용 편집, 야구 기록지 '땅표' 등으로 한국 언론사에 한 획을 그었다. 스포츠조선 가세 후 3개지가 선정성 짙은 만화부록으로 과열 경쟁을 벌이다가 음란물 시비에 휘말리며 '황색신문'의 이미지를 뒤집어 쓴 뼈아픈 기록도 빠짐없이 실었다.

스포츠신문, 적어도 종이신문은 이제 쇠락의 길로 접어들었다. 프로야구 초창기의 열풍과 함께 신문 가판시장을 휩쓸던 스포츠신문은 2000년대 중반 무료신문의 공세에 무너졌고 이후 인터넷 매체의 후속 충격으로 완전히 그로기 상태에 빠졌다. 60년에 가까운 종이 스포츠신문의 역사도 이렇게 한 페이지를 마감하고 있다. 가판대에서 불티나듯 팔려나가던 황금기는 다시 오지 않으리라. 안타까움 속에서 현재의 스포츠신문이 찾아가야할 길도 나름대로 적어봤다. 스포츠기자로 만 30년을 넘게 일한 지금, 스포츠신문 역사의 변곡점에서 그 기록을 책으로 남기게 되니 보람 또한 매우 크고, 작은 성취감도 느낀다. 부디 이 책이 한국스포츠 저널리즘 연구의 초석이 되길 바라는 마음이다.

끝으로 학업의 고비마다 의욕을 꺾지 않도록 이끌어 주고, 연구가 막힐 때마다 시원스러운 해결책을 제시하며 격려해 주신 하웅용 지도교수님께 머리 숙여 감사드린다.

2020년 4월 정동에서

김경호

차례

한국의 스포츠신문

Ⅰ. 들어가는 말

1. 한국 체육사와 함께 한 스포츠신문

국내 스포츠팬들의 사랑을 받는 스포츠신문은 전문 일간지로 처음 탄생한 1960년대와는 비교하기 힘들 만큼 많이 변했다. 그것은 비단 신문의 외형과 내용 뿐 아니라 언론계에서의 위상, 독자들이 갖는 이미지 또한 마찬가지다. 1969년 한국일보사에서 창간한 '일간스포츠'가 전성기를 누린 1970~1980년대만 해도 스포츠신문이란 스포츠와 연예, 대중문화를 중심으로 독자들이 궁금해 하는 분야를 집중보도하고, 해설과 논평 등을 싣는 전문 매체로 인정받았다. 전체 일간지의 수가 요즘만큼 많지 않았던 1980~1990년대에 스포츠신문은 대중문화에 대한 독자의 욕구를 충족시켜주는 특수지로서 위상을 지켰다.

그러나 현재의 한국 스포츠신문이 마주한 현실의 환경은 그렇지 않다. 전체적으로 매체수가 현저히 많아졌고, 시장 규모에 큰 변화가 생겼으며 2000년대 중반 이후 온라인 매체들이 등장해 포털 사이트와 더불어 흐름을 주도하고 있다. 스포츠신문이 전체 미디어 가운데서 차지하는 위상은 상대적으로 낮아졌고, 지나친 경쟁과 미디어 환경 악화로 인해 이미지 또한 크게 훼손됐다. 눈에 띄면 펼쳐보고, 없어도 그리 아쉽지 않고. 한편으로는 황색언론의 대명사로 여겨지기도 한다.

근대 스포츠가 서구에서 국내로 유입되어 대중문화의 한 축으로 자리한지 100년이 넘었다. 스포츠가 미디어와 만나 미디어스포츠[01] 분야를 이룬지도 근대스포츠 유입의 역사만큼이나 길다. 일제강점기로부터의 해방, 그리고 6·25 전쟁을 겪으면서 종합일간지의 취재 및 편집부문에서 정치, 경제, 사회 등 다른 분야에 밀려 홀대받았던 스포츠는 1960년대로 접어들며 점차 그 비중을 키웠고 체육전문 월간 및 주간지에 이어 마침내 독립된 형태의 전문 일간지를 탄생시킬 정도로 발전했다.

우리나라에서 스포츠신문의 역사는 결코 짧지 않다. 6.25 전쟁이 끝난지 불과 10년 만에 최초의 스포츠신문이 창간됐고, 1970년대부터 현재에 이르기까지 스포츠와 대중문화를 주도하는 특수지로서 독자들과 함께 해왔다. 한국 최초의 스포츠신문은 1963년 8월 15일 일요신문사가 창간한 '일간스포츠신문'이다. 이 신문은 1년여 뒤 경제신문으로 전환해 사

---

01 스포츠와 미디어의 문화적 융합의 결과로서 미디어에 의한 스포츠의 매개(mediated sports), 즉 미디어를 통해 간접적으로 스포츠팬에게 전달되는 스포츠 관련 지식이나 정보 그리고 경기장면 등 모든 메시지에 관련된 것을 의미한다(김원제, 2005. 47).

라졌기 때문에 그 존재 사실 조차 모르는 이가 대부분이다. 이후 1969년 9월 한국일보사가 창간한 '일간스포츠'가 16년간 독점하며 본격적인 스포츠신문 시대를 열었고 1985년 '스포츠서울', 1990년 '스포츠조선'이 가세하면서 전체 미디어 분야에서 스포츠신문은 스포츠, 대중문화 전문지라는 독자 영역을 구축했다. 이후 1999년 '스포츠투데이', 2001년 '굿데이'가 달려들면서 사활을 건 생존경쟁을 벌이기 시작했고 무가지[02], 온라인 스포츠전문 매체의 등장 등 환경 변화가 가속화 하면서 급기야 도산하는 신문도 생겼다.

최초 등장 이후 반세기를 훌쩍 넘긴 한국 스포츠신문의 발자취는 스포츠가 현대의 대중문화 중에서 가장 주목받는 분야로 자리 잡는 과정과 궤를 같이 했다.

한국 스포츠신문의 족적은 우리 근대 체육사의 일부분이라고 할 수 있다. 한국 체육사의 결정적인 장면마다 스포츠신문은 현장을 지켰고 벅찬 희열과 환희의 숨결을 독자에게 생생히 전달했으며, 역사의 증인으로 함께 했다. 근대 체육사의 역사적 순간을 함께한 스포츠기자들은 현장의

---

02 신문사 지국에서 무료로 나눠주는 신문을 뜻하기도 하나 여기서는 2002년 5월 국내에 들어온 '메트로'를 시작으로 출근시간에 지하철과 버스에서 무료로 나눠주던 신문을 말한다. 메트로의 성공으로 2003년 '데일리 포커스', 'AM7', 2004년 '굿모닝 서울' '데일리 줌' '스포츠 한국', 2006년 '노컷뉴스', 2007년 '더 시티', 2008년 '이브닝'이 줄이어 창간했다. 삼성경제연구소의 2003년 히트상품 중 무가지가 이례적으로 8위에 오르는 등 대성공을 거두며 가판에 주로 의존하던 스포츠신문 판매와 광고 매출에 심각한 타격을 주었으나 결국 스마트폰의 등장과 함께 무가지들도 줄줄이 무너지고 말았다(더 PR 뉴스, 2012년 8월 23일).

기록을 남긴 사관(史官)이었다고 의미를 부여할 수 있겠다.

국내에서 스포츠신문, 스포츠미디어와 관련된 연구는 적지 않았다. 그러나 연구의 대부분은 스포츠미디어와 내셔널리즘·영웅주의, 스포츠신문의 선정성과 청소년에 미치는 영향 등 신문의 보도성향과 선정성, 유해성 등에 관한 연구에 집중됐다. 스포츠신문 자체에 주목한 연구도 적지 않았으나 이 또한 스포츠신문의 편집 및 스타의존도, 스포츠신문의 위기와 기자들의 인식 방향 등에 집중됐고 스포츠신문의 탄생과 흥망성쇠 등을 역사적, 이론적 관점에서 분석한 연구는 미미했다. 1963년 8월 15일 국내에서 처음 '일간스포츠신문'이란 제호의 스포츠전문 일간지가 창간됐다가 1년여 만에 경제지로 변신한 사실과 함께 해당신문의 창간호를 비롯한 주요 보도내용을 실체를 통해 밝힌 연구는 2017년에야 나왔다.

국내에 스포츠 전문일간지가 탄생한지도 57년이 지났다. 미래의 스포츠전문지 창간을 준비하던 시간을 감안하면 60여년에 이른다. 이 기간 동안 스포츠신문은 탄생과 성장, 절정과 쇠퇴의 시간을 보내고 오늘에 이르렀다. 활자매체인 신문은 기록성과 시사성이 크고 특히 사료로서 뛰어난 가치를 갖는다. 뉴스 콘텐츠의 전달방식이 종이신문에서 인터넷과 모바일로 이동하고 있는 전환기에 활자매체인 스포츠신문의 역사를 정리하고, 그에 관한 기록 및 당시 종사자들의 증언을 통해 이론적 분석을 시도하는 연구는 매우 의미 있는 일이라고 하겠다. 언론계 전체에서는 서자 취급을 받는 스포츠신문에 관한 자료와 기록이 상대적으로 적고 그나마도 많이 남아있지 않다는 제한, 그리고 초기 스포츠신문의 창간과 변화 등에 관한 사실을 증언할 현장 인물들이 일부 세상을 떠났거나 대부분 고령이라는 시기적 관점도 이 연구를 서두르게 했다.

2. 스포츠신문 역사 연구의 방법

이 책은 한국 스포츠신문의 역사를 통사적으로 정리하는 데 가장 큰 목적을 두었다. 그러기 위해 창간·폐간 등의 특징적 사건을 기준으로 시기를 나누고, 각 시대별 환경에서 스포츠신문들이 어떻게 변화해 왔는지 살폈다. 이어 스포츠신문의 각 시기별 보도 속에 담은 이데올로기는 무엇이었으며, 이를 통해 재생산한 사회적 정체성은 무엇인지 탐구했다. 또한 이상의 연구로 추출한 분석 내용에 사회이론을 적용한 해석을 더해 스포츠신문이라는 특수 매체가 한국 스포츠계와 언론계에서 갖는 역사적 의미는 무엇인지 파악하고자 한다.

스포츠신문 본질에 대한 연구가 전반적으로 미미한 현실에서 스포츠신문의 역사에 특화한 연구는 차별성을 가지며, 향후 이와 관련한 새로운 연구로 이끄는 단초가 될 수 있을 것으로 기대한다. 또한 스포츠신문의 과거를 돌아보고 현재를 조명함으로써 향후 스포츠전문 미디어가 나아가야 할 방향성을 가늠해볼 수도 있을 것이다.

한국 스포츠신문의 역사를 정리하면서 스포츠신문과 국내 체육계에서 일어난 중요한 변화를 기준으로 다음의 4단계로 시기를 구분하였다.

첫째 '스포츠신문의 여명과 태동'시기로 일제 강점기 및 건국 초기에 스포츠 전문잡지가 등장한 이후 1963년 '일간스포츠신문'의 탄생과 1969년 '일간스포츠' 창간에 이르는 때이다. 이 시기 체육계는 태릉선수촌을 설립(1966년)하고, 체육행정을 정비하면서 1962년 자카르타 아시안게임, 1964년 인스부르크 동계올림픽과 도쿄 올림픽, 1968년 멕시코시티 올림픽 등 각종 국제대회에 참가해 대한민국을 세계에 알리기 시작하던 때다.

둘째 '일간스포츠의 독주'시기로 1969년 일간스포츠 창간 이후 1985년 스포츠서울이 등장하기 이전까지다. 이 시기 한국 스포츠는 국제무대에서 괄목할 만한 성과를 내며 도약하기 시작했고 야구, 축구, 씨름 등 주요 종목에서는 프로화의 첫발을 떼고 있었다. 이에리사, 정현숙 등의 세계탁구선수권 제패(1973년), 홍수환의 WBA 밴텀급 타이틀 획득(1974년), 레슬링 양정모의 올림픽 첫 금메달(1976년) 등 굵직한 스포츠 성과에 열광하고 국민적 자부심을 키우던 시기다.

셋째 '스포츠신문의 삼국지, 황금기'로서 1985년 이후 일간스포츠, 스포츠서울, 스포츠조선 3개사가 경쟁하던 1990년대까지다. 일간스포츠가 1982년 프로야구 출범 이후로도 3년 여간 독점을 누렸으나 스포츠서울이 가세하면서 경쟁시대로 접어들었고 스포츠조선 창간 이후에는 과열경쟁으로 인해 선정성 및 음란물 논란에 휩싸이기도 했다. 스포츠신문의 이미지가 본격적으로 '황색 저널리즘' 수준으로 추락한 시기다. 이 때 체육계의 가장 큰 이슈는 1986 아시안게임 및 1988 서울 올림픽 성공개최, 그리고 프로스포츠의 출범 및 성장이다. 스포츠는 올림픽 메달과 국제대회 우승 등으로 명예를 얻고, 부를 축적할 수 있는 수단이 됐으며 신문 또한 스포츠와 대중문화의 비약적 성장에 맞춰 수익을 증대하며 호황을 누릴 수 있었다.

넷째 '무한 생존경쟁' 시기로 1999년 스포츠투데이 및 2001년 굿데이 창간으로 시장이 포화상태에 이르고 그 중 일부가 도산하면서 스포츠신문의 질서가 재편된 이후 현재에 이르는 시기이다. 대한민국은 2000년 시드니 올림픽 이후 스포츠강국으로 확고하게 자리매김했고 스포츠계에서는 2002년 한·일 월드컵 성공 개최에 이어 축구, 야구, 골프 등 선수들의 해외 진출에 가속이 붙으며 자연스럽게 세계화가 진행됐다. 스포츠미디어 분야에서는 IMF 외환위기 속에 무가지 등장 여파가 겹쳐 굿데이와 스포츠투데이가 폐간되는 파동을 겪었고 이후 스포츠신문 시장의 질서에도 대대적인 변화가 이뤄졌다.

이상의 시기 구분을 토대로 스포츠신문의 변천사와 스포츠신문이 독자들과 공유해온 이데올로기의 변화, 사회와의 상호관계를 분석하기 위해 다음과 같은 연구문제를 설정하였다.

첫째, 일요신문이 1963년 발행한 '일간스포츠신문'의 창간 및 정간 배경은 무엇이고 1969년 한국일보사에서 창간한 '일간스포츠'의 탄생 과정은 어떠했나.

둘째, '일간스포츠'가 창간 후 1년여 만에 소멸한 '일간스포츠신문'과 달리 비약적으로 발전할 수 있었던 원동력은 무엇이며 독점적 위치의 스포츠신문으로서 체육·문화계에 미친 영향은 무엇인가.

셋째, 스포츠신문 경쟁시대를 연 '스포츠서울'의 탄생 배경과 빠른 성장 동력은 무엇이었으며 스포츠신문들이 '황금기'를 거치며 국내 스포츠, 레저, 대중문화계 발전에 기여한 바는 무엇인가. 또한 과열경쟁으로 빚어진 스포츠신문의 선정성, 음란성, 정체성 논란의 결말은 무엇인가.

넷째, 무료신문의 등장과 스포츠신문의 쇠퇴는 어떤 연관성을 가지며, '굿데이'와 '스포츠 투데이'의 폐간 이후 이뤄진 스포츠신문 질서의 재편성이 한국 언론계에 남긴 교훈은 무엇인가.

다섯째, 스포츠신문이 각 시기별로 근현대 한국 사회에 전파하고 공유한 이데올로기는 무엇이었고, 대중신문으로서 국내 스포츠계와 언론계에서 차지한 정체성은 무엇이었나.

1) 문헌연구

한국 스포츠신문의 역사를 연구하기 위해 가장 많이 활용한 자료는 당연히 각종 스포츠신문이다. 1963년 한국 최초의 스포츠신문으로 창간됐다가 1년 만에 경제신문으로 전환한 일간스포츠신문을 비롯해 일간스포츠, 스포츠서울, 스포츠조선, 스포츠투데이, 굿데이 등 신문을 주요 연구 자료로 삼았다. 또한 각 신문 모기업의 역사를 기록한 언론사별 사사(社史)와 한국언론진흥재단이 펴낸 월간지 '신문과 방송', 한국기자협회지인 '기자협회보', 그리고 스포츠신문 종사자 및 관련자들이 쓴 저서와 각종 매체에 남긴 기고문 등을 2차 자료로 활용했다.

최초의 스포츠신문인 일간스포츠신문은 후신 한국경제신문[03]이 창간호부터 경제신문 변신 이전까지의 실물을 거의 대부분 보관하고 있어 원조 스포츠신문의 지면 구성과 보도 내용을 확인하는데 매우 유용하게 활용했다. 또한 이를 통해 후발 스포츠신문들과의 비교 분석도 가능했다.

1969년 한국일보사에서 창간한 일간스포츠에 관한 연구는 국립 중앙도서관, 국회도서관 등에서 주요시기의 신문 원본을 열람했고 한국일보 50년사를 통해 사실과 기록을 뒷받침했다.

스포츠서울과 스포츠조선 등 스포츠신문 삼국지 및 황금기에 대한 연구는 각각의 창간호를 비롯한 두 신문의 초창기 원본과 아울러 스포츠신문의 과당경쟁 및 선정주의 논란을 지속적으로 다룬 '신문과 방송', 기자협회보를 참고자료로 삼았다.

스포츠 투데이 굿데이의 창간과 폐간을 비롯해 무료신문의 번성 및 쇠퇴 등으로 인한 스포츠신문 무한경쟁기에 대한 연구는 관련자의 저서와 '신문과 방송', 기자협회보 및 각종 미디어 관련 보도를 기본적으로 참고했다. 또한 언론계 전반에 관한 정보를 구하기 위해 한국언론진흥재단 홈페이지 자료실에 있는 각종 다양한 보고서와 통계자료 등을 분석 자료

---

03 일간스포츠신문의 후신으로 1964년 10월 12일 일간경제신문으로 제목을 바꿨다가 다시 1965년 10월 12일 현대경제일보로 바꿨다. 초기에는 주24면을 발행하면서 스포츠판을 병설하였다. 1980년 11월 언론기관 통폐합에 따라 서울경제신문과 일간내외경제가 종간하고 조간경제지로는 유일하게 남게 되어 11월 26일부터 한국경제신문으로 바꾸어 발행하고 있다(한국경제신문 50년사, 2016).

로 활용했다.

2) 심층 인터뷰

본 연구와 관련된 신문사에 종사했던 경영진과 편집국 간부, 기자들을 대상으로 한 심층 인터뷰를 통해 스포츠신문의 탄생과 변화를 탐구했다. 필자는 1989년 한국일보사 일간스포츠에 입사해 1999년 스포츠투데이, 2001년 굿데이, 2005년 스포츠칸(경향)·경향신문으로 옮기며 오랫동안 스포츠 기자로 일해 스포츠신문 관계자들과의 인터뷰 및 이를 통한 연구가 비교적 용이했다.

1963년 창간한 일간스포츠신문과 관련한 내용은 당시 경력기자로 입사해 일했던 오일룡과의 전화면담을 통해 기록에 남아있지 않은 정보를 들었고, 당시 공채기자로 입사했던 유홍락(작고)과의 2015년 인터뷰 내용과 대조해 검증했다. 1969년 한국일보사 일간스포츠와 관련한 내용은 창간의 밑그림이 된 서울경제신문 체육 면을 위해 스카우트 된 이태영과의 심층 인터뷰를 통해 문헌탐구로 분석한 내용을 검증했다. 일간스포츠 스포츠기자로 활약한 홍윤표, 박재영, 정경문과의 면담을 통해 일간스포츠 및 스포츠신문 전반에 관한 정보를 구했고 스포츠서울과 스포츠조선 창간 관련 내용을 위해 전·현직 언론인들인 김두호, 김덕기, 신명철, 조석남 등과 면담했다. 또한 1999년 스포츠투데이 등장 이후 격변한 스포츠신문계의 상황을 생생히 파악하기 위해 이영걸, 박건만, 이성춘 등 당시의 변화를 겪은 관계자 및 언론인들과 면담했다. 이들과의 면담은 자신이 몸담았던 회사나 개인의 관점에서 주관적 시각이나 편견을 반영할 수 있기에 여러 관계자들과의 대화를 종합해 객관적 내용을 추출했다.

표 1. 주요 면담자 및 면담내용

면담자	주요이력	주요 면담내용	일시, 장소
이태영	전 한국일보, 동아일보 기자	일간스포츠 창간당시 내용 및 1970~1980년대 스포츠 언론환경	2015.06.30. 프레스센터 커피숍 2018.11.01. 프레스센터 커피숍
유홍락	전 일간스포츠 신문 기자, 스포츠서울 편집국장	일간스포츠신문 창간당시 내용	2014.07.27. 전화면담
오일룡	전 일간스포츠신문, KBS 기자	일간스포츠신문 창간당시 내용	2018.11.02. 전화 면담
홍윤표	전 일간스포츠 국장, OSEN 대표	체육전문 잡지, 일간스포츠 관련 내용 및 1990년대 스포츠지 선정성 논란 관련 내용	2018.10.30. 체육언론인회 사무실
김덕기	진 스포츠서울 축구부장	스포츠서울 창간당시 내용	2018.11.06. 노원구 커피숍
신명철	전 스포츠서울 편집국장	스포츠서울 창간당시 내용	2018.11.02. 스포티비뉴스 사무실
조석남	전 스포츠조선 편집국장	스포츠조선 창간당시 내용	2018.11.21. 전화면담
박재영	전 일간스포츠 편집국장	일간스포츠, 스포츠서울 경쟁 내용 및 2000년대 무한 생존 경쟁기 관련 내용	2018.11.06. 합정동 커피숍

이영걸	전 굿데이 스포츠 국장	굿데이 창간당시 내용 및 2000년대 무한 생존 경쟁기 관련 내용	2018.10.30. 한세대 학술정보원
박건만	전 스포츠경향 편집국장	스포츠경향 창간당시 내용 및 2000년대 무한 생존 경쟁기 관련 내용	2018.11.12. 광화문 커피숍
이성춘	스포츠동아 이사	스포츠동아 창간당시 내용 및 2000년대 무한 생존 경쟁기 관련 내용	2018.11.02. 동아일보 커피숍
김두호	전 스포츠서울, 굿데이 편집국장	스포츠서울, 굿데이 창간 당시 내용 및 2000년대 무한 생존 경쟁기 관련 내용	2018.11.13. 신영균 예술문화재단 사무실
정경문	전 일간스포츠 기자, 대표이사	스포츠지 삼국지 및 2000년대 무한 생존 경쟁기 관련 내용	2018.11.21. 전화면담

3) 사회이론을 통한 스포츠신문 변천사 해석

비교적 최근 등장한 OSEN, 마이데일리, 점프볼, 베스트 11 등 온라인 스포츠전문 매체들이 네이버, 다음 등 포털 사이트를 통해 뉴스를 전달하면서 지면을 활용하는 스포츠 전문 매체만이 스포츠신문이라는 통념은 사라졌다. 스포츠기사를 대중에게 전달하는 매체의 장벽은 빠르게 허물어지고 있는 실정이다. 물론 이런 환경 속에서 기존 스포츠신문들도 온라인·모바일 보도를 강화하면서 스포츠팬들의 뉴스 수요를 주도하기 위해 또 다른 경쟁을 벌이고 있다.

이렇듯 스포츠신문은 지난 반세기 동안 당시의 정치, 사회, 경제적 상황에 따라 변화를 겪어왔다. 이 같은 변화는 당시의 사회상과 연관되어 있기에 문헌연구와 심층면담을 통한 분석만으로는 단순한 사실 나열에

그칠 수 있다. 따라서 이 논문에서는 한국 스포츠신문의 변화를 중심으로 일어난 현상과 역사적 사실을 사회학이론을 활용하여 분석을 시도하였다.

첫 번째 스포츠신문을 분석하기 위하여 활용한 사회학이론은 피에르 부르디외(1930~2002)의 구별 짓기(distinction) - 아비투스(habitus) 이론이다. 부르디외는 현대 자본주의 사회의 계급성향 분석을 학문의 초점으로 삼은 프랑스 출신 사회학자로 그의 학문의 핵심이론은 '아비투스', '상징적 폭력(violence symbolique)', '장(champ) 이론과 계급분석'이다. 아비투스란 개인이 사회화 과정을 거치는 동안에 획득하는 영구적인 하나의 성향체계(취향)다. 인간의 행동은 엄격한 합리성과 계산을 근거로 행해지기 보다는 일정한 기억과 습관 그리고 사회적 전통의 영향을 받는다. 개인의 행동이 주관적 의지를 통해서 실현되는 것은 사실이지만, 여기에는 과거로부터 누적된 사회적 관행이 영향을 주고 있으며 그 사회적 관행은 결국 권력과 같은 강제력에 의해서 뒷받침 되고 있다는 것이다. 그로 인해 형성된 성향체계가 아비투스다(홍성민, 2004:12-13).

탄생부터 현재까지의 시대별 구분을 떠나 한국 스포츠미디어를 기본적으로 관통하고 있는 이데올로기는 국가주의, 민족주의, 영웅주의이며 스포츠신문이 본격적으로 경쟁하기 시작한 시점 이후 상업주의와 황금만능주의, 선정주의, 세계화 등이 결합해 진화된 형태의 이데올로기가 생겨났다. 1960년대 이후 1980년대까지 스포츠미디어는 남북대결과 민족적 감정이 있는 일본과의 경쟁 등에서 스포츠 보도의 동력을 찾으며 국가주의와 민족주의를 강조했고, 1980년대 이후 프로스포츠를 통해서는 스포츠 스타들의 활약상과 스포츠 산업 및 시장의 성장에 초점을 맞추면서 판매 전략을 연계시켜 영웅주의와 상업주의를 자연스럽게 전파했다. 독자들의 흥미를 끌기 위해 조금씩 짙어지던 선정성은 무한경쟁 시대에서 생존을 위한 방편으로 더욱 심화돼 사회적 문제를 야기하는 지경까지 이르렀다.

국가주의, 가부장주의, 영웅주의, 상업주의, 세계화(globalization) 등의 이데올로기는 미디어스포츠 전반에 함축돼 있는 가치 및 신념 중 대표적인 것으로 이들은 국가의 이념이나 미디어 소유자본가의 정치적, 경제적 이데올로기를 지지하는 방향으로 작동한다. 그렇기에 스포츠는 결코 이데올로기로 부터 자유로울 수 없다는 명제가 성립한다(Hoberman, 1984. 재인용).

스포츠를 매개하는 미디어는 이렇듯 우리 사회에 형성돼 있는 아비투스를 반영하며, 재생산하고 강화하는 역할을 수행한다. 수용자는 미디어가 강제적으로 전파하는 이데올로기를 내면화 해 사회적 아비투스를 자신의 정체성으로 수용하게 된다(김원제, 2005:185-187). 결국 스포츠미디어의 하나인 스포츠신문은 스포츠에 대한 대중의 정체성과 잠재된 의식, 즉 사회적 아비투스를 형성하는 매개체 중의 하나이다.

두 번째로 이 연구에서 활용한 사회이론은 헤럴드 이니스(Innis)와 마샬 맥루한(McLuhan)이 주장한 미디어 결정론과 이에 비판적인 사회구조론이다. 미디어 결정론이란 커뮤니케이션 테크놀로지인 미디어가 사회 발전을 이끌고 변화시킨다는 원동력이 된다는 이론이다. 기술이 그 자체의 논리에 따라 진화하며 이 기술에 의해 사회가 변화한다고 보기에 기술결정론이라고도 한다 (정인숙, 2013:1). 이에 따르면 기술 가운데서도 특히 미디어 기술은 자체의 추동력에 의해 발전하고, 자체의 내재적 논리에 따라 문화에 효과를 일으킨다. 특정 커뮤니케이션 미디어는 사회를 조직화하고 특정한 문화적 제도를 선호하는 편향을 지니기 때문에, 사회의 상태와 문화특성이 그 시대의 지배적 미디어에 따라 결정된다(오미영·정인숙, 2005:181-187).

1940년대부터 1970년대 사이에 정립된 미디어 결정론은 당시에 비해 미디어 기술이 현저히 발전해온 각 단계별 시기와는 정확히 일치하지 않는다는 제한점이 제기된다. 1990년대에 이르러 마샬 맥루한의 이론은 이미 관 속으로 들어가 사장됐다는 비판을 받았지만 오늘날 많은 학자들에 의해 재평가되고 있다. 맥루한은 1980년 사망하기 전에 커뮤니케이션 하드웨어의 충격적인 문화적 영향이란 앞으로 컴퓨터에 의해 초래될 엄청난 변화와 비교하면 아무 깃도 아니라고 예측한 바 있다(오미영·정인숙, 2005:182). 맥루한이 '미디어는 메시지다'라는 명제로 미디어와 인간의 감각의 확장 관계를 설명했던 당시의 핵심 미디어 기술인 TV 대신 오늘날의 인터넷을 대입하면 미디어 결정론은 수십 년을 건너뛴 현재에 놀랍도록 부합하며 강한 설득력을 갖는다.

오늘날과 같은 정보사회에서 커뮤니케이션 테크놀로지의 힘이 사회에 미치는 영향력을 어떻게 바라보는가의 관점에 따라 두 가지 이론이 양립한다. 기술의 눈부신 발전이 사회변동을 가져온다는 기술결정론과 사회구조의 틀 속에서 정보 기술의 발전을 설명하려는 사회구조론이 그것이다. 사회구조론은 정보 기술의 비약적 발전을 부인하는 것은 아니지만 그러한 테크놀로지가 독립변수가 아니라 매개변수라고 본다. 테크놀로지 자체는 중립적이지만 누가 무엇을 위해 어떤 방향으로 테크놀로지를 이용하느냐가 중요하기에 기술 보다 사회관계와 사회구조를 중심으로 분석에 초점을 맞춰야 한다는 것이다(김해식 외, 2011). 이처럼 현대사회의 변화를 분석하는 연구에서 어느 한쪽의 동력이 다른 한쪽을 일방적으로 주도하는 독립변인과 종속변인의 관계로 해석할 수는 없는 일이다. 사회 변동을 기술 중심으로 단정하는 미디어 결정론과, 일방적인 기술 중심의 견해를 견제하는 사회구조론은 국내 스포츠신문의 탄생과 쇠퇴기, 그리고 그 사이의 성장기를 설명하는 유용한 분석틀이 될 수 있을 것이다.

스포츠신문이 창간되어 지금까지 어떠한 정치·경제·사회적 환경에서 발전해 왔는지, 각 시기마다 어떤 스포츠 이데올로기를 중점적으로 전달했는지를 분석하고, 스포츠신문이 한국 체육계에서 담당한 역할과 기능을 사회학 이론을 바탕으로 해석하기 위해 다음의 연구절차를 수행했다.

첫째, 스포츠신문의 역사적 사실을 기술하기 위해 각종 1, 2차 문헌사료들을 정리, 분석하여 스포츠신문의 역사적 맥락을 파악했다. 또한 연구의 객관화와 심도 있는 내용을 파악하기 위하여 스포츠신문과 관련 있는 인사들을 대상으로 심층면담을 실시했다. 심층면담에서는 개인의 주관적인 생각들이 연구의 내용에 치우치지 않도록 각종 문헌, 제 3의 면담

자의 면담 내용을 토대로 삼각검증을 실시하여 연구의 객관성을 높이고
자 했다.

둘째, 문헌연구와 심층면담을 통해 시대별 스포츠신문의 역사적 맥락
을 파악한 후 그에 적합한 사회학 이론을 적용해 역사를 분석했다.

셋째, 사회학이론 활용을 통하여 분석된 역사적 사실을 토대로 시대
별 스포츠신문의 변천에 대해 객관적, 주관적인 해석을 구하고자 했다.

표 2. 연구절차

문 헌 연 구	심 층 면 담

▼

역사적 맥락 분석

▼

시대적 맥락과 적합한 사회학이론 적용

▼

사회학이론을 통한 역사 분석

▼

새로운 역사 해석

3. 앞선 연구들

이 연구는 국내 스포츠신문의 탄생과 변천, 그리고 그 역사를 사회 이론적으로 해석하기 위한 연구이다. 이를 위해 스포츠미디어, 그 중에서도 스포츠신문에 초점을 맞춘 선행연구를 검토해 이 연구의 출발점에서 참고로 삼았다. 또한 이론적 해석을 위해 피에르 부르디외의 아비투스 이론, 마샬 맥루한의 미디어 결정론과 관련한 선행연구를 검토해 보았다.

1) 스포츠신문 관련 연구

미디어와 스포츠의 결합으로 미디어스포츠의 개념이 보편화하면서 이와 관련한 연구는 증가추세에 있다. 미디어스포츠는 스포츠와 미디어의 문화적 융합의 결과로서, 미디어를 통해 간접적으로 스포츠팬에게 전달되는 스포츠 관련 지식이나 정보 그리고 경기장면 등 모든 메시지에 관련된 것을 의미한다(김원제, 2005:47). 김원제는 미디어스포츠의 기원과 발전을 비롯해 미디어 스포츠와 사회적 아비투스, 스포츠영웅, 스포츠 이데올로기 전파수단으로서의 미디어스포츠 등을 탐구하였다.

스포츠미디어는 미디어스포츠를 구현하는 미디어를 특정하는 말이다. 스포츠미디어란 스포츠에 관한 지식이나 정보를 대중에게 간접적으로 전달하는 미디어를 의미한다(임번장, 1994. 재인용). 이러한 개념 구분에 따르면 스포츠신문은 신문, 방송, 인터넷 등으로 정리되는 미디어 중 인쇄매체인 신문 중에서도 스포츠를 특화해 보도하는 특수목적지이다.

전상돈(1998)은 해방 이후 한국 신문에서 스포츠 기사 량이 점진적으로 증가했으며 그 중에서도 프로스포츠, 팀 스포츠, 국제스포츠, 여성 스포츠, 국가대표 스포츠의 기사 량이 증가했음을 밝혔다.

노창현(2003)은 2000년대 초반까지의 스포츠신문 1면 기사 분석을 통해 스포츠기사와 연예기사의 비율 및 편집기법 등을 비교해 스포츠신문이 초기에 비해 고유의 정체성을 잃어가고 있다고 밝혔다. 조석남(2004)은 스포츠신문 1면에 나타난 스포츠신문의 스타의존도 연구를 통해 스포츠신문들이 해외 스포츠 스타 중에서도 특히 인기가 높은 야구와 축구의 일부 스타선수들에게만 지나치게 의존하고 있음을 지적했다.

스포츠신문의 선정성과 위기에 관한 연구도 이어졌다. 김선남, 장해순, 정현욱(2003)은 스포츠신문의 선정성에 관해, 조호영(2003년)은 굿데이 창간이 스포츠신문 선정성에 미친 영향을 연구했다. 조호영은 논문에서 굿데이 창간과 기존 스포츠신문의 선정성에는 큰 변화가 없음을 밝혔다. 추연구(2007)는 스포츠신문의 위기 극복방안에 대한 기자들의 인식을 탐구했고, 김경호(2012)는 스포츠신문의 온라인서비스 강화가 종이신문에 미치는 영향과 이에 대한 종사자들의 현실 및 미래 인식을 연구했다. 김경호의 연구에서 스포츠신문의 온라인 뉴스 서비스 강화는 수익증대와 직접적으로 연결되지 않으며 종이신문의 발행부수 감소와 같은 부정적인 영향을 미치는 것으로 밝혀졌다. 스포츠신문 기자들은 온라인의 강세로 인한 종이신문의 미래를 걱정하면서도 한편으로는 종이신문의 저력을 믿는 태도를 보였다.

스포츠신문에 관한 연구는 사례가 절대적으로 적은 편이며 그 중 대부분은 신문의 보도성향, 이데올로기, 선정성, 온라인 강화추세에 따른 위기의식 등에 집중됐다. 이데올로기 연구는 내셔널리즘과 영웅주의 등에 관점을 둔 연구가 대부분이었다. 김경호, 하웅용(2017)은 한국 첫 스포츠신문인 일간스포츠신문의 창간 및 정간과 관련한 사회적 배경과 스포츠신문의 선구자인 일간스포츠의 비약적 발전을 통해 한국 스포츠신문의 초기 역사를 살폈다.

2) 사회학 이론 관련 연구

(1) 피에르 부르디외 '구별 짓기-아비투스'

피에르 부르디외의 핵심 이론 중 하나인 아비투스는 개인이 사회화를 거치면서 획득하는 영구적인 취향, 정체성으로 정의할 수 있다. 개인의 행동을 결정하는 주관적 의지는 과거로부터 쌓여온 사회적 관행에 영향을 받으며, 그 관행 또한 권력과 같은 힘에 의해서 영향을 받는다는 것이다.

아비투스 이론을 통한 연구는 문화, 미디어, 스포츠 분야에서 자주 시도되어 왔다. 특정 직업군이나 같은 공통점을 가진 폐쇄적인 집단에서 상대와 구분하기 위한 그들만의 규정을 파악하는 연구나, 특정직업 종사자들의 개인 취향이 업무에 미치는 영향을 밝히는 연구 등에 활용됐다.

남재일(2004)은 경찰출입 신문기자들에게 형성돼 있는 객관주의 아비투스가 무엇인지 연구해 기사형식의 과도한 정형화, 무관한 사실의 편의

적 범주화, 전문가 인용과 무관한 권위에의 의존, 기계적 균형과 양비양
시론 등이 기자들이 기사의 객관화를 위해 쉽게 의존하는 무의식적 관행
임을 지적했다. 이광우(2013)는 문화매개자로서 미디어 생산자들의 아비
투스와 실천에 관한 연구를 통해 기자, 작가, PD 등 미디어 제작자들이
다양하게 축적된 그들만의 아비투스를 갖고 있으며 그것이 제작과정에
서 자연스럽게 영향을 미친다고 분석했다.

　오병돈(2008)은 프로축구 서포터스들이 열광적인 현장응원, 그들만의
응원체계 구축, 응원도구 제작 및 구입, 차별화한 홈경기 퍼포먼스, 원정
응원, 소모임 문화 등을 통해 그들만의 아비투스를 형성하고 구별 짓기
를 한다고 연구했다. 권기남(2009)은 상류계급 골프클럽 회원들의 구별
짓기 연구해 그들이 계급적 우월성을 느끼는 동일한 아비투스를 가지고
있으며 일정 조건을 갖춘 그들만의 사회를 형성하고 그렇지 못한 사람들
을 철저히 배제하며 사회불평등 체계를 재생산하고 있다고 분석했다.

(2) 미디어 결정론

　이니스와 맥루한이 정립하고 발전한 커뮤니케이션 이론인 미디어 결
정론은 커뮤니케이션 테크놀로지인 미디어가 사회 변화를 이끄는 원동
력이 된다는 이론이다. 미국의 사회학자 캐니 러버스는 사람들이 어떤
매체를 지배적으로 이용하고 성장하였는가에 따라 의식이나 가치관, 윤
리기준, 성취동기 등에 상당한 세대 차이를 보인다고 주장한다(오미영, 정
인숙, 2005). 유선영(2004)은 위와 같은 현상이 나타나는 요인은 신문, 방송

미디어가 특정세대에 대해 일반화된 통념을 재생산하는 보도프레임을 가지고 있기 때문이라고 설명했다.

미디어 기술, 환경의 변화가 스포츠계에 미치는 영향에 관한 연구는 최근에 증가하고 있는 추세인데 이는 뉴미디어의 발전이 가속화하면서 나타난 미디어 결정론을 바탕으로 한 연구라고 하겠다. 이태일(2010)은 스포츠미디어가 인쇄매체, 아날로그 방송, 디지털과 온라인 방송시대를 거치면서 스포츠 콘텐츠의 가치와 기업들의 스포츠마케팅 방향이 변하고 있다고 분석하고 향후 모바일 시대를 대비해야 한다고 제언했다. 이보람(2014)은 소셜미디어가 기업의 스포츠마케팅에 미치는 영향에 초점을 맞추고 소셜미디어를 통한 마케팅이 현재까지 활발하게 활용되지 않고 있지만 기업의 적극적인 지원과 투자가 이뤄져야 한다고 제시했다. 이창호, 김은국, 최영재(2013)는 미디어, 특히 소셜미디어가 세상을 바꾸고 있다며 뉴미디어의 빠른 발전이 불러오는 사회변동을 탐구했다.

김용찬과 신인영(2013)은 스마트폰이라는 커뮤니케이션 도구에 대한 의존도가 개인의 전통 미디어 이용 및 커뮤니케이션에 미치는 영향은 사용자의 스마트폰 이용 목적에 따라 다르다는 결과를 내놓았다. 스마트폰 사용자가 개인적 재미 추구의 목적으로 스마트폰에 의존할 때는 TV 수신기에 의한 방송 시청이 많고, 사회적 이해 추구의 목적으로 스마트폰을 쓰는 경우 종이신문 이용 정도가 많아지는 것으로 나타났다. 사회와의 관계 강화를 목적으로 스마트폰을 이용하는 사용자들에게는 스마트폰을 통한 뉴스 획득은 기존의 뉴스매체들을 대체하는 계기를 만드는 것이 아니라 기존 채널에 새로운 뉴스매체가 하나 더 늘어난 것에 지나지 않는다는 것이다. 이 연구는 새로운 미디어 기술인 스마트폰이 사회에 미치는 영향은 분명하지만 그로 인한 영향은 사용자의 성향과 목적에 따라 다르게 나타난다는 점에서 결국 기술은 매개변수일 뿐 변화의 주체는 인간, 사회라는 사회구조론적 시각을 뒷받침하고 있다.

4. 몇 가지 과제

스포츠신문의 변천사를 체계적으로 정리하고, 사회이론을 통해 해석하기 위한 이 연구는 몇 가지 한계를 지니고 있다.

첫째, 스포츠신문의 변천 과정을 살펴보는 데 있어 시기적 제한점을 가진다. 이 연구는 1960년대 초반부터 현재까지의 방대한 기간 중 스포츠신문의 탄생과 소멸, 매각 등 각 신문이 거친 중대한 변화에 초점을 맞추고 실시했다. 따라서 시기적으로 결코 짧지 않은 시간 동안의 스포츠신문의 보도성향 변천과 정체성 변화를 샅샅이 살펴 기술하기에는 한계점이 있다.

둘째, 연구방법 중 사회학 이론을 활용하고 분석하는 과정에 적용하는 이론이 한계적일 수 있다. 맥루한의 미디어 결정론은 실질적 검증이 어렵다는 비판을 받는다. 미디어결정론을 적용한 해석에서는 사회변동을 이끄는 주체가 누구인가에 따른 인식의 차이에서 서로 상반된 해석이 가능하다.

셋째, 이 연구에서 모든 스포츠신문을 질적, 양적으로 동등하게 분석하는데 연구의 한계가 있었음을 밝힌다. 또한 다양한 무가지들 및 온라인 또는 모바일 스포츠 뉴스 서비스를 모두 다루지는 못했다.

Ⅱ. 스포츠신문의 여명과 탄생

　1961년 12월 한국일보사의 서울경제신문이 스포츠 면을 특화한 지면을 발행한 이후 1969년 9월 마침내 본격 스포츠 전문일간지 '일간스포츠'를 창간하기까지가 '한국 스포츠신문의 여명기 및 탄생기'이다. 서울경제신문이 신중하게 미래를 내다보고 있을 때에 일요신문사는 과감하게 국내최초의 스포츠신문인 일간스포츠신문을 창간했다. 그러나 이 신문은 탄생 후 1년여 만에 경제지로 서둘러 전환하고 말았다. 이 시기는 비록 8년 남짓한 짧은 기간이지만 국내 스포츠 분야의 발전 및 영향력이 매우 빈약하던 시절에 스포츠신문을 준비하고, 창간하고, 새로운 도전에 나섰다는 사실 자체만으로도 큰 의미를 갖는 때다.

　1960년대 스포츠 전문일간지 탄생을 향한 여명은 일제강점기 때부터 시작됐다. 1930년대에 체육 소식을 전문으로 다룬 주간, 월간 및 부정기적 형태의 잡지가 발간돼 국내 스포츠미디어의 효시가 됐다. 이후 일요신문의 일간스포츠신문이 실험적 시도 속에 국내 최초의 스포츠전문 일

간지로 출범했고, 한국일보의 일간스포츠는 8년여 기간 동안 치밀하게
준비한 끝에 일간스포츠신문 이후 끊긴 스포츠 전문 일간지의 맥을 잇고
본격적으로 스포츠저널리즘 분야의 문을 열었다.

이 시기 한국은 정치, 경제, 사회적으로 격변하고 있었다. 1961년 5월
16일 박정희 등이 주도한 군사 쿠데타로 윤보선 대통령과 장면 내각이
물러났고, 2년 남짓 군정이 이어지다 1963년 10월 대통령 선거에서 박정
희 후보가 제5대 대통령으로 당선돼 제3공화국이 출범했다. 박정희 대통
령은 1967년 선거에서 재선돼 6대 대통령 임기를 이어갔다. 군사 쿠데타
이후 국가재건최고회의[01]를 거쳐 2년 뒤 민간에 정권을 넘기고 군으로
돌아가겠다던 박정희의 약속은 지켜지지 않았고, 군부의 강압 통치에 반
발하는 야권과 학생들의 시위 등으로 사회 분위기는 어수선했다.

경제 분야에서는 1962년부터 경제개발 5개년 계획이 진행되던 시기
다. 쿠데타로 집권한 박정희 정부는 정치적 정통성을 만회하고, 집권 기
반을 공고히 하기 위하여 경제 성장을 통한 발전 전략에 집중하였다(유호
근, 2009).

이 시절 국민의 삶은 빈한했다. 2015년 기준으로 1962년의 1인당 실

---

01 5.16군사정변 주체세력이 입법·사법·행정의 3권을 행사하였던 과도기의 국가최고통
　　치의결기구. 1961년 5월 16일 군사정변으로 정권을 장악한 박정희 소장 중심의 주체
　　세력은 군사혁명위원회를 구성하고, 입법·사법·행정의 3권을 완전히 장악하여 국회와
　　지방의회를 해산하였다. 군사혁명위원회는 5월 18일 장면 국무총리로부터 계엄령 추
　　인과 함께 정권을 인수받자, 5월 19일 군사혁명위원회를 국가재건최고회의라 개명하
　　고 5월 20일 혁명내각을 발표함으로써 군사정부를 수립하였다.(한국민족문화대백과사전).

질 국민총소득(GNI)은 134만원에 불과했다. 1969년엔 1인당 실질 GNI가 234만 원으로 조금 향상됐지만 여전히 궁핍을 벗어나지 못하던 시기다 (통계청 자료).

  스포츠계도 첫걸음을 떼기 시작했다. 제3공화국의 '전사'들이 국제무대에 나서 신생국 대한민국을 알리고, 안으로는 체육정책의 기초를 닦아가던 때다. 국민체육진흥법(1962년 3월)이 발효됐고 장충체육관 개관, 아시아야구선수권대회 서울 개최 및 우승(이상 1963년), 민관식 대한체육회장 취임, 대한체육회에서 대한올림픽위원회(KOC) 분리, 도쿄 올림픽(1964년), 김기수 프로복싱 WBA 주니어 미들급 타이틀 획득, 태릉선수촌 준공(이상 1966년), 체코 세계여자농구선수권대회 준우승 및 박신자 MVP상 수상, 고교야구 인기를 비롯한 야구중흥(이상 1967년) 등이 주요 이슈였다.

  이 장에서는 한국 스포츠신문의 탄생을 위한 여명과 출범 과정을 (1)한국 최초의 스포츠미디어라고 할 수 있는 체육전문 잡지시대, (2)국내 첫 스포츠전문 일간지인 '일간스포츠신문'이 탄생하고 소멸한 과정, (3)훗날 '일간스포츠' 탄생의 발판이 된 한국일보사 서울경제신문의 사전 정지작업 등으로 구분해 고찰하였다. 이 중 최초의 스포츠전문 일간지 일간스포츠신문에 대한 논의는 박정희 정권과의 특수한 관계, 경제지로 전환하는 과정으로 세분해 살펴봤다.

1. 체육전문 잡지의 등장

한국에서 최초의 스포츠 전문 일간지가 탄생한 때는 1963년 8월 15일이다. 1962년 9월 출발한 주간지 '일요신문'을 발행하던 일요신문사가 창간한 '일간스포츠신문'은 스포츠와 연예 등을 특화해 만든 우리나라 최초의 스포츠 중심 대중지라는 점에서 언론사적으로 큰 의미를 갖는다.

이 신문 창간 이전까지는 한국 스포츠미디어의 시초라고 할 수 있는 체육잡지가 간헐적으로 발간됐다. 일제강점기 때 같은 이름 다른 잡지인 '조선체육계'가 있었고, 해방 이후 3개의 스포츠 잡지가 존재했다. '한국 잡지백년2'를 집필한 최덕교에 의하면 1924년 1월 15일 제3종 정기간행물 인가를 받은 '조선체육계'가 한국 체육전문 월간지의 효시다. 동아일보 기자를 지낸 선우전이 창간한 이 잡지는 1925년 2월 15일 제3호까지 발행된 것으로 확인되지만, 이후 통권 몇 호가 나왔는지는 확인되지 않았다. 제3호의 판권장에는 편집 겸 발행인 선우전, 인쇄자 노기정, 인쇄소 한성도서(주), 발행서 조선체육계사(서울 견지동 31), A5판 100면, 정가 40전이란 기록이 남아있다(최덕교, 2004).

1933년 7월 1일에는 조선체육회 창립(1920년) 발기인이자 조선일보 운동부 기자였던 야구인 이원용이 최성면과 함께 '조선체육사'를 차려 또 다른 '조선체육계'를 창간했다. 이 책은 창간호만 확인됐다. 이원용의 '조선체육계'는 여태껏 한국 최초 체육전문 월간지로 잘못 알려져 있었다(스포츠저널 코리아, 2014.10:38-39).

해방 후에는 1946년 2월 발행된 '조선 스포-쓰', 1948년 4월 창간돼 이듬해 3월 15일 '런던올림픽 보고호'로 2호를 내고 사라진 '체육문화', 1950년 창간(추정)돼 1952년 5호까지 발행된 월간지 '스포-쓰(monthly Sports)' 등이 있었다. '조선 스포-쓰'는 조상원이 설립한 조선 스포-쓰사에서 발행한 것으로 1946년 10월 10일 발행된 2호에는 몽양 여운형의 '조선체육계의 임무'라는 글과 '올림픽에 대비하라'(정상윤), '금년도 빙상계 회고'(김정연), '제1회 전국종합농구선

그림1. 월간 스포-쓰 권2호
자료출처: 홍윤표 소장

수권대회 총평'(이문호), '펜싱경기법의 개략'(김용제) 등의 기사가 실려 있다.

1948년에 나온 '체육문화'의 창간호와 2호에는 해방 이후 첫 올림픽 무대였던 1948년도 제5회 생모리츠 동계올림픽과 제14회 런던 올림픽에 대한 한국선수단의 참가와 전망, 대회 결과 등 올림픽을 집중 소개하는 내용을 담고 있다. '체육문화'는 문교부의 지원을 받아 '문교부 체육과 기관지'라는 부제를 달고 창간호를 냈다(스포츠 저널 코리아, 2013.07:30-31, 2015.01:38-39).

월간 '스포-쓰'를 부산에서 발행하던 이용일은 이후 '주간 스포츠'를 발간했고 후에 한국일보에 합류해 주간지의 판권을 넘기면서 '일간스포

츠' 초대 체육부장을 맡았다. 1936년 로스앤젤레스 올림픽에 참가했던 체육인 김문배가 6.25 이전 발간한 주간지 '체육신문'도 있었다(신문과 방송, 1990.08:2).

또한 대한체육회 공식 기관지인 '체육'(현 스포츠 코리아)이 1965년 12월 31일 첫 발간 됐다. 1969년 창간된 한국일보사의 일간스포츠가 독주하던 1970년대에는 서울신문이 발간한 스포츠 종합 주간지 '週刊스포츠'(1975년 3월 창간), 동아일보사의 '스포츠 東亞'(1978년 10월 창간), 프로복싱 전문잡지 '펀치라인'(1973년 8월 창간) 등이 일간지와 공존했다.

1924년 처음 나온 스포츠잡지 '조선체육계' 이후 1963년 첫 스포츠전문 일간지가 등장하기 전까지 존재한 잡지 형태의 스포츠미디어는 그 수조차 몇 개 되지 않았다. 그럴 만큼 국내 스포츠계의 활동이 미약했고, 미디어의 환경 또한 여건을 갖추지 못하고 있었다. '체육문화'와 '체육' 등과 같이 정부나 조선체육회의 기관지 정도가 아니면 일반 대중을 상대로 스포츠 소식만 전하는 상업적 목적의 잡지가 온전히 유지되기도 어려웠을 것이다. 재정적으로 비교적 안정돼 있는 일간지 조선일보가 스포츠전문지 창간을 계획했던 기록이 남아 있어 눈길을 끈다. 조선일보사가 1927년 2월 창간한 한국 최초의 시사 잡지 '신조선'은 일시 정간 후 1932년 9월 1일자 제3호로 속간하면서 판권장이 있는 맨 마지막 면에 조선 유일의 운동 잡지 '스포츠조선'이 9월 하순에 창간된다는 광고를 실었으나 실제로 창간이 이뤄졌는지는 실물이 존재하지 않아 확인할 수 없다.

2. 일간스포츠신문의 탄생과 박정희 정부의 지원

한국 최초의 스포츠 전문 일간지 '일간스포츠신문'은 서울 중구 숭례
문 앞의 태평로 2가 120번지 사옥에서 일요신문과 함께 발행됐다. 일간
스포츠신문의 편집국은 일요신문과 완전히 독립되어 있었으며, 최초로
체육전문 기자를 공채하는 기록도 남겼다(한국경제신문사, 1984).

일요신문사는 현재의 일요신문과 다른 회사이며 이때 입사한 스포츠
전문기자가 오일룡, 고두현, 조광식, 유홍락 등이다. 이들은 일간스포츠
신문이 경제지로 전환한 뒤 각각 동양방송(TBC), 조선일보와 서울신문 등
으로 옮겨가 대한민국의 스포츠전문기자 1세대로 활약했다(오일룡 전화면
담, 2018. 11.02).

그림2. 일간스포츠신문 창간호.
1963년 8월 15일
자료출처: 한국경제신문 조사자료부

일간스포츠신문은 창간호로 6
면을 발행했고, 이후 매일 4면을
찍었다. 1~3면에는 스포츠기사
와 사회 화제 기사를 실었고 4면
에는 사설과 연예, 취미 관련 뉴
스를 올렸다. 신문 1부의 가격은
2원, 월정구독료는 50원이었다.
1963년 당시 80kg 쌀 한 가마니
는 2750원(매일경제신문 1971. 07.14.)
이고 짜장면은 25원, 라면 1봉지
는 10원이었다(서울연구원). 당시 8

면씩 발행하던 종합일간지가 1부 4원, 월정구독료 80원이라는 점, 짜장면 두 그릇 값으로 스포츠신문 한 달 정기구독이 가능했다는 점을 보면 체감물가는 현재와 엇비슷하다고 할 수 있겠다.

일간스포츠신문 창간호 1면에는 창간사와 더불어 박정희 당시 국가재건최고회의 의장 겸 대통령 권한대행의 축사, 그리고 그가 붓글씨로 쓴 '體力 國力(체력 국력)'이란 휘호가 실렸다. 대통령이 창간 신문에, 그것도 스포츠 전문 일간지에 '축 일간스포츠신문 창간' 휘호를 보내고 축사를 올린다는 것은 매우 이례적인 일이다. 1면 하단에는 공보부 장관, 차관이 낸 5단짜리 축하 광고가 실렸고 아래쪽 한 귀퉁이의 알림 란에는 일본 아사히신문 계열의 '닛칸스포츠' 신문과 자매결연을 맺었다는 내용이 눈길을 끈다.

2면에는 이상백 대한올림픽위원회(KOC) 위원, 이종백 문화부 장관, 임성희 공보부 장관, 이호 대한체육회장이 보내온 기대와 당부의 말이 실렸고, 아래엔 한국경제인협회와 대한상공회의소의 5단 광고가 게재됐다. 3면 이후로는 1년 앞으로 다가온 1964년 도쿄 올림픽을 앞둔 각국의 전력분석 기획기사와 세계의 스포츠 스타 소개, 야구소재 연재소설 '홈런 가족' 등이 이어졌다. 6면은 당시 최고의 인기 여배우 이빈화, 엄앵란을 소개하는 연예란으로 할당됐다(일간스포츠신문, 1963. 08.15).

창간 특집호임을 감안하더라도 일간스포츠신문 1호의 지면구성은 이후 나온 모든 스포츠신문에 하나의 길을 제시한 것이나 다름없었다. 맨 앞쪽으로 스포츠뉴스를 배치하고 이어 사회 화제 거리를 올린 뒤 뒷면에

대중문화계 소식을 보내는 지면구성은 요즘 스포츠신문도 크게 다를 바
없다.

창간사는 처음 세상에 모습을 드러내는 신생 신문의 결의, 향후 나아
가고자 하는 바를 결연히 밝히는 선언문이다. 해당 신문의 성격과 제작
방향 및 보도 방침 등을 가늠해 볼 수 있는 중요한 자료가 된다. 다음은
일간스포츠신문 창간사의 주요 내용이다.

> 민족중흥을 기원하는 거족적인 대열에서 그 일익을 자임하여 오늘 18
> 주년 광복절을 시점으로 '일간스포츠신문'은 창간의 첫 발걸음을 내디딘
> 다. (중략) 일간스포츠신문의 창간은 분명 국내언론사상에 새로운 기원을
> 고하는 사실인 채 언론분야의 확대와 더불어 새로운 영역을 개척하는 것
> 이다. 그러나 체육문화의 고도한 발전과 병행하여 번성해온 선진제국의
> 예를 본다면 우리는 너무도 뒤늦은 느낌이 짙다. (중략) 이와 같은 노력의 일
> 환으로서 일간스포츠신문이 탄생되고 우리는 이 신문을 통하여 체육대한
> 의 재건립을 주장한다. 국가와 민족과 체육의 삼위가 일체화 할 수 있는 광
> 원한 체육도를 향하여 전진할 것이다. (중략) 체육은 파인플레이여야 한다.
> 체육만이 아니라 정치, 경제, 문화, 사회생활의 모든 면이 다 그러하다. 정
> 치의 정략도 지난날의 권모술수로써는 국민이, 그리고 새로운 시대가 용
> 허하지 않는다(일간스포츠신문, 1963. 08. 15).

1면에 올린 창간사를 통해 일간스포츠신문의 창간은 한국 최초의 스
포츠신문으로서 언론 영역의 새 분야를 개척하는 일이고, 이는 오히려

선진국에 비해 늦은 감이 있다는 말로 언론사적 의미를 강조했다. 이제까지 존재하지 않았던 스포츠 전문 일간지가 첫 선을 보인 것은 분명히 새로운 시도이고, 언론 분야의 새로운 영역을 개척하는 일이었다. 보도를 통해 체육발전을 도모하는 것은 응당 한국 최초의 스포츠신문이 해야할 일이었다.

또한 체육대한의 재건립, 국가와 민족과 체육의 삼위일체를 강조함으로써 체육활동을 통한 국위선양과 민족 자긍심 제고 등의 큰 목표를 향해 스포츠신문의 소임을 다하겠다고 천명했다. 스포츠의 기본은 페어플레이 즉, 스포츠맨십이다. 규정 속에서 공정한 경쟁을 벌이자는 말은 정쟁과 저항 등으로 인해 혼탁했던 당시의 사회상을 반영하는 구호이기도 하다. 페어플레이 정신을 앞세워 지난날의 권모술수가 새로운 시대에서는 용납되지 않는다는 준엄한 경고도 실었다. 결국 일간스포츠신문의 창간은 요즘과 같은 스포츠신문이 한 개 등장한 것과는 매우 큰 차이가 있음을 확인할 수 있다. 체육대한의 재건립, 국가와 민족과 체육의 삼위일체란 표현은 엘리트 체육을 통해 국제대회에서 성과를 이루고자 함이고 그 결실은 모두 국위의 선양 및 민족적 자긍심을 끌어올리는 것으로 이어져야 함을 강조하고 있다. 이는 제3공화국 정권이 스포츠를 통해 국가의 위신을 높이고 민족과 체제의 우월성을 확인하며, 정권의 안정을 꾀하려 한 체육정책과 정확하게 일치한다.

박정희 대통령 권한대행도 '체력 국력'이라는 자신의 휘호에 담긴 의미와 더불어 향후 정부의 자세 등을 강조했다. 다음은 창간호에 실린 박정희 대통령 권한대행의 축사의 일부다.

> 금반 뜻있는 분들의 노력으로 우리나라에서 처음으로 '스포츠' 신문이
> 발간됨을 진심으로 축하해마지 않습니다. 건전한 정신은 건강한 체력에
> 서 온다는 말과 같이 건전한 인간생활의 근본은 체육에 의존한다고 말해
> 도 과언은 아닙니다.(중략) 체육을 통한 국민생활의 건전화는 정부가 이미
> 혁명 초기에 내세운 과업의 하나이었음은 주지의 사실입니다.(중략) 이같
> 이 국민 각개인이 가질 뛰어난 소질을 발전하여 널리 국민전체의 것으로
> 존중할 소임을 다할 것으로 믿어 스포츠신문에 거는 기대는 자못 크다 할
> 것입니다.(중략) 더욱이 1년 앞으로 다가온 동경올림픽 대회에 대비하여 정
> 부에서도 가능한 한의 지원을 다하고 있는 터이나 국민적 관심과 성의 있
> 는 후원을 얻어 소속의 목적을 달성하는데 최선을 다할 것을 아울러 당부
> 하는 바입니다.(중략) 스포츠정신이 곧 페어플레이를 뜻하는 것이라면 이와
> 같은 신사도의 정신이 우리생활의 모든 분야에서 오늘과 같이 필요로 되
> 는 때가 없습니다. 스포츠신문이 진중한 소임을 다하면서 길이 발전하기
> 를 축원합니다. 1963년 8월 15일 대통령권한대행 국가재건최고회의의장
> 박정희(일간스포츠신문, 1963.08.15).

박정희 대통령 권한대행은 축사에서 국민의 체력이 국가성쇠의 척도
라며 스포츠신문이 스포츠 대중화에 기여할 것을 당부하고, 정부로서도
1년 앞으로 다가온 도쿄 올림픽에 지원을 아끼지 않을 것을 약속했다. 아
울러 전 국민적 관심은 물론, 기업들의 아낌없는 후원을 부탁했다. 한 나
라의 대통령이 갓 태어난 스포츠신문에 축사를 보냈다는 사실은 그가 체

육 분야에 지대한 관심을 갖고 있었음을 상징적으로 증명하는 일이다. 다른 한 편으로는 그만큼 최고 권력자와 신문사 경영진이 매우 가까운 관계였으며 향후 스포츠 관련 정부시책을 시행하고 홍보하는데 이 스포츠신문이 앞장서 나가겠다는 다짐을 유추하게 해준다.

또 한 가지 주목해야 할 것이 박정희 대통령 권한대행이 한자로 쓴 친필 휘호 '體力國力'이다. 박정희 시대의 스포츠 체육정책을 상징하는 슬로건인 '체력은 국력'을 갓 출범하는 '일간스포츠신문'에 게재함으로써 정부차원의 신문에 대한 전폭적 지지와 함께 향후 국가 스포츠정책을 홍보할 유력수단으로 이 신문을 활용할 것임을 표명했다.

'체력은 국력'이라는 박정희 시대의 슬로건은 이전 정부까지는 거의 존재하지 않았던 체육정책과 완전히 구별되는 것으로 국가스포츠주의 도입의 확실한 선언과 다를 바 없었다. 군사정권은 1961년 10월 2일 정부기구 개편을 통해 문화국에 속해 있던 체육과를 체육국으로 독립해 승격시켰다. 체육을 중시하는 제3공화국의 정책은 이후 전폭적인 스포츠 육성 지원책으로 이어졌고 그에 따라 국제대회 출전과 입상이 적극 장려됐다. 국민의 스포츠에 대한 관심은 증폭했고, 자연스럽게 스포츠에 국가주의와 애국심이 투영됐다. 체육관련 법률의 제정 및 강화, 체육단체 통합 정리, 엘리트 체육 육성 강화, 스포츠외교 확대, 대한체육회 역할 확대, 사회체육과 학교체육 및 국방체육 강화, 체육조직 개편 등 제3공화국의 체육정책은 지금까지도 기본적인 뼈대를 유지하고 있다(허진석, 2010: 82-83).

이처럼 1963년 8월은 1964년 도쿄 올림픽을 1년여 앞두고 체육계에 대한 국가의 전폭적인 지원이 이뤄지고, 국민들의 스포츠에 대한 관심도 아울러 함께 높아지고 있었던 때다. 일제의 아픈 기억으로 민족적 감정이 남아 있는 일본에서 개최되는 올림픽이었기에 체육계는 반드시 괄목할 만한 성적을 거두어야 하는 압박감을 안고 있었다. 또한 당시에 국제올림픽위원회(IOC)의 중재로 남북한 올림픽 단일팀에 관한 논의가 활발하게 진행되고 있었다(하웅용, 2000: 38-47).

즉 스포츠가 정치, 사회, 경제 분야 뉴스만큼 뜨거운 관심의 대상이 되고 있던 시기였으며, 일간스포츠신문은 북한과의 올림픽 관련 회담 진전과정이나 국제올림픽위원회(IOC)를 비롯한 국제스포츠 외교 소식을 상세히 전하며 이슈를 끌어가려 했다. 일반 종합지에서도 스포츠 관련 뉴스가 이전보다 훨씬 많아지던 때다.

쿠데타로 정권을 획득한 군부정권은 스포츠를 국민들이 혼란한 시대적 상황을 잠시나마 잊게 만들 수 있는 좋은 관심거리로 여겼으며, 이를 전문으로 다루는 스포츠신문의 창간은 반갑기도 하였다. 이에 따라 일간스포츠신문은 스포츠를 중시하는 정부의 지원도 충분히 받을 수 있었다. 윤갑수 사장을 비롯해 이종갑 등 일요신문의 경영진은 대한올림픽위원회(KOC) 위원을 역임한 스포츠계 인물들이며 김종필 등 당시 국가재건최고회의의 실력자들과 긴밀한 관계를 맺고 있었다(김경호·하웅용, 2017: 1-17).

한국 체육전문기자 1호 공채로 1963년 8월 1일 일간스포츠신문에 입사한 유흥락은 "5.16으로 군사정부가 들어서고 민정으로 넘어가기 전의 일이다. 당시 일요신문을 만들던 윤갑수 사장이 청와대와 친했다. 청와대에 찾아가 스포츠신문을 만들겠다고 했다고 한다. 그리고 신문사 경영진의 주요인사중 한 명은 군정의 핵심인물인 김종필의 수하였다"고 증언했다(유홍락 전화면담, 2014. 07.27).

일간스포츠신문에 경력기자로 합류한 오일룡은 이 신문의 경영진과 군사정권 고위층과의 친밀한 관계를 더욱 구체적으로 설명했다. 일요신문과 일간스포츠신문이 사실상 정부 소유물이나 다름없었다는 이야기다.

> 일요신문에서 일간스포츠를 창간해 두 개의 신문을 냈는데 정부에서 많이 도와줬다. 친여 색깔이 있는 신문이라서 광고도 많이 도와주었다. 윤갑수 사장은 친여 쪽에 선이 많이 닿았다. 그 아들이 중앙정보부에 간부로 있었던 것으로 기억한다. 중앙정보부에서는 석○○ 씨가 신문에 많은 도움을 준 것으로 알고 있다. 그 때에 신문을 하나 낸다는 게 상당히 어려운 일인데, 그런 배경도 없이 시작할 수 있었겠는가. 당시에 민국일보라는 일간지가 있었다. 이 신문도 일요신문과 마찬가지로 친여신문인데, (정부가) 이걸 없애면서 일간스포츠신문을 창간했다. 윤갑수 사장이 대한체육회 전무이사도 하고, 스포츠를 잘 아는 사람인데 자본이 많지는 않았다. 민국일보와 일요신문 자체가 정부의 것이었고, 일간스포츠신문도 내막은 정부의 것이었다(오일룡 전화면담, 2018.11.02).

정권을 쥔 세력과 경영진의 특수 관계로 일간스포츠신문은 박정희 대통령 권한대행의 축사와 휘호를 1면에 싣고, 공보부 장·차관 명의의 정

그림3. 일간스포츠신문 1964년 2월 25일
자료출처: 한국경제신문 조사자료부

부 측 창간 축하광고를 게재하는 힘을 과시할 수 있었다. 최고 권력과 가까운 신문이란 이미지가 광고주들에게 주는 메시지는 굳이 설명할 필요가 없었을 것이다.

이 신문과 박정희 대통령 권한대행의 밀접한 관계를 보여주는 상징적인 장면이 있다. '일간스포츠신문' 주관으로 1964년 2월 24일 서울 장충체육관에서 열린 제2회 박정희 장군배 동남아 여자농구대회 결승전에서 박정희 대통령 권한대행은 부부동반으로 참석해 경기를 관전하고 시상식에서 우승팀 상업은행의 주장 박신자에게 직접 우승컵을 안겨준다. '박정희 장군배'라는 대회명을 걸고 대회를 치를 수 있었다는 사실만으로도 이 대회를 주관한 일요신문사와 일간스포츠신문이 얼마나 권력의 최고위층과 밀접한 관계를 맺고 있었는지를 가늠하게 한다.

사실 박정희 장군배 쟁탈 동남아 여자농구대회는 많은 국제대회를 유치해 민간차원의 외교를 수행하려는 군사정부가 창설한 첫 대회였다. 1963년 2월 1일 서울 장충체육관 개관식에 이어 개관 이튿날 제1회 대회가 열렸다. 박정희 대통령은 개관식에 참가해 치사를 통해 '스포츠 한국'을 천명했고 이튿날 대회 축사에서는 '반공 민주우방(일본, 자유중국)의 우정을 길이 간직하고 반공아세아의 정신적 유대강화'를 강조했다(허진석, 2010: 93).

즉 박정희 장군배 여자농구대회는 사실상 정부가 창설하고, 일요신문이 진행과 홍보를 맡은 대회였다. 어수선한 사회 분위기 속에 서슬 퍼런 권력을 쥔 군사정부로서는 자신들과 밀접한 매체인 일요신문과 일간스포츠신문을 통해 '박정희 장군배 쟁탈'이라는 대회를 맡길 수 있었다. '박정희'의 이름을 건 스포츠 이벤트는 이 대회가 처음이었다. '박정희 장군'을 국제대회 이름에 붙임으로써 그가 국내외적으로 신임을 받는 인물임을 은연중에 강조하고 향후 대한민국을 이끌어나갈 유일한 지도자임을 국민 인식 속에 굳히는 효과를 의도하고 있었다. 이 같은 정황을 살피고 나면 박정희 대통령이 한 신문사가 주최하는 국제대회를 부부동반 참관하고 시상식에 직접 참여하는 등 파격적인 행보를 보인 까닭을 쉽게 이해할 수 있게 된다.

이 신문과 정권의 관계를 읽을 수 있는 장면이 하나 더 있다. 1964년 6월 4일자에는 전날 밤 8시를 기해 내려진 '서울 일원에 비상계엄선포' 뉴스가 스포츠신문임에도 불구하고 1면 톱기사로 올랐다. 1면에는 '통행금지 밤 9시, 출판 검열', '옥내외 집회 및 시위 일체 금지', '질서회복 위한 불가피한 방법', '체육행사 모두 중지, 부득이한 경우엔 관중 없는 경기' 등 제하의 관련기사를 통해 비상계엄선포 관련 뉴스에서 정부의 입장을 그대로 전했다. 왼쪽에는 박정희 대통령의 계엄선포 담화문을 '무책임한 행동 이상 더 방치할 수 없다. 국가위한 부득이한 조치, 안정될 때에는 곧 해제'라는 제목으로 상단부터 끝까지 무려 10단에 달하는 분량으로 전문을 게재했다. 같은 날짜의 동아일보, 경향신문 등이 박 대통령의 담화문을 요약해서 게재한 것과는 분명한 차이를 보이고 있다. 모든 신문이 한 귀퉁이에 '全面軍檢閱畢(전면군검열필)'이란 검열 인증을 받아야 발행할 수 있던 상황이었음에도 동아일보와 경향신문은 전문을 있는 그대로 보도하지는 않았다.

'체력은 국력'을 정부 스포츠 체육정책의 기본 슬로건으로 삼으려는 집권세력에게 스포츠신문은 매우 유용한 홍보수단임에 틀림없었다. 쿠데타로 정권을 잡은 그들에게 스포츠신문이란 체육계에서의 국내외적 성과를 통해 국민의 만족도를 끌어올리고, 주요관심사를 정치 사회 분야로부터 분산시키는데 매우 효과적인 도구였기 때문이다. 게다가 정부 여당의 정책에 호응하는 신문은 절대적으로 필요한 존재였다.

3. 경제신문으로 전환한 일간스포츠신문

일간스포츠신문은 스포츠, 대중문화와 관련된 사업도 활발하게 펼쳤다. 창간 사업으로 '마라톤 왕국 재건후원회'를 설립했고, 1963년 11월에 일본여자야구단 '살롱 파스'팀을 초청해 전국순회경기를 펼쳤다. 1964년 2월엔 제2회 박정희 장군배 쟁탈 동남아 여자농구대회를 주관하였다. 5월에 일본프로야구 명문 팀들인 다이요와 도에이를 초청했고, 7월에는 일본 올림픽 남자배구대표팀 초청경기를 주관해 전국민의 관심을 끌었다. 이밖에도 자전거하이킹 대회, 전국 직장대항 낚시대회, 전국대학생 낚시대회 등 레저사업도 의욕적으로 추진했다(한국경제신문사, 1984: 267-270).

일간스포츠신문은 농구, 야구, 배구, 마라톤 등 스포츠 분야와 관련된 활발한 사업은 물론이고 자전거, 낚시 등의 대회를 개최함으로써 훗날 스포츠신문사들에 전형적인 모범을 제시했다. 이후 생겨난 스포츠 전문 일간지들도 각종 스포츠 대회를 주최하거나 바둑, 낚시, 경마 등의 스포츠 레저 분야 등에서 수익사업을 펼치며 한동안 전성기를 누렸다. 일간 스포츠신문에 경력기자로 들어간 오일룡은 당시의 분위기 및 체육부 관련 정보를 전했다.

신문이 창간되기 전인 1963년 7월1일에 준비요원으로 먼저 들어갔다. 서울신문 출신 고두현씨와 내가 경력기자로 들어갔고 이후에 유홍락, 조광식 씨가 시험을 봐서 견습기자로 들어왔다. 당시 7, 8명 정도 견습기자를 뽑은 걸로 기억한다. 당시에는 기사거리가 요즘처럼 많지 않아 기획기사를 많이 써야 했다. 나는 프로권투 외에 주로 기획기사를 담당했고, 외근 취재는 고두현 씨가 반장노릇을 했다. 편집국에는 1, 2면을 담당하는 체육부, 3면을 담당하는 사회부, 4면을 담당하는 문화부가 있었다. 기획기사가 아니면 면을 메우기 힘들 정도로 이벤트가 없었다. 초대 체육부장은 동아일보 출신 유경도씨, 2대 체육부장은 경향신문 출신 이태신씨가 맡았다. 그 때는 언론사 중에서 월급을 제대로 주는 회사가 동아일보, 조선일보 등을 제외하곤 거의 없었다. 스포츠 비평, 준 논설 등 좋은 기사가 많았고 상당히 열심히들 했는데 경제신문으로 전환하면서 끝났다. 그때는 광고가 통 없을 때다. 정부에서 도와준다고 해도 한계가 있었다. 경제신문에도 스포츠 면이 있으니 그대로 남을 수도 있었으나 동양방송이 생기면서 나와 조광식은 그리로 옮겼고 유홍락도 6개월쯤 뒤 조선일보로 갔다(오일룡 전화 면담, 2018.11.02).

이후 KBS에서 프로복싱을 담당하고 권투 해설 및 스포츠 평론가로 명성을 떨친 오일룡의 설명은 1960년대 초반 스포츠 전문 일간지가 가진 고민거리를 그대로 반영한다. 요즘처럼 다양한 스포츠 종목이 있는 것도 아니었고, 국내 선수들의 수준이나 경쟁력 또한 높지 않았기에 경기 상보 보도만으로는 지면을 채우는 일조차 쉽지 않았다. 결국 다양한 읽을거리를 찾아 심도 깊은 분석과 전망, 비평 등을 낼 수밖에 없던 시절이다. 지면을 채우기 힘들다는 현실은 결국 스포츠 관련 사업을 하는 기업들이나, 시장이 형성되지 않았다는 반증이었고, 자연스럽게 극심한 경영 부진으로 직결됐다는 점을 의미했다.

일간스포츠신문은 1964년 도쿄올림픽 개막일(10월 10일) 하루 뒤 제호(題號)를 내리고 10월 12일자로 '일간경제신문'이란 경제신문으로 전환했다. 일간경제신문은 1년 뒤 제호를 '현대경제일보'로 다시 바꾸었고,

1980년 신군부의 집권에 따른 언론 통폐합[02] 조치 때 '한국경제신문'으로 변신해 오늘에 이르고 있다(한국경제신문사, 1984: 267-270).

창간 초부터 사외 모니터 제도를 도입, 20명의 모니터 요원을 위촉해 충실한 지면 제작에 부심해온 제작진을 더욱 보강키 위해 각 일간지의 체육전문기자를 스카우트 했고, 1964년 6월 1일 수습기자 15명을 공모 발령했다. 제작진의 이러한 의욕에도 불구하고 경영면의 핍박은 날로 더해가 아시아에서 최초로 열리는 제18회 동경 올림픽 취재가 큰 난제로 대두되었다. 이웃나라에서 개최되는 올림픽 상보를 국내유일의 일간 스포츠전문지가 이를 외면한다는 것은 그 창간이념에 위배되는 것이었기 때문이다. 대한민국은 212명의 사상 유례없는 국가대표선수단을 파견했고, 각 일간지들도 10명 내외에 임시취재반을 특파하는 가운데 본지는 단 1명의 특파원만을 출국시키는데 그쳤다. 바로 9월 25일에 출발한 체육부 고두현 기자다. 물론 여기에는 재정적인 측면도 있었지만, 실은 9월에 접어들면서 '경제신문에의 전신'이 구체적으로 추진돼 왔기 때문이었다. 1964년 10월 10

---

02 1980년 신군부 주도하에 신문·방송·통신을 통폐합한 사건. 12·12사태로 실권을 장악한 전두환 세력은 1980년 초에 보안사 정보처에 언론반을 신설하고 권력 장악에 필수적인 언론 통제를 위해 언론사를 통폐합하고 저항적이거나 비판적인 언론인을 해직했다. 1980년 11월 14일 한국방송협회·신문협회 등은 건전 언론 육성과 창달에 관한 결의문을 발표했다. 자율 폐간이나 통폐합은 형식에 불과했고 실제로는 신군부의 보안사 언론반이 이를 주도했다. 전국의 언론기관 중 신문사 11개(중앙지 1, 경제지 2, 지방지 8), 방송사 27개(중앙 3, 지방 3, MBC 계열 21), 통신사 6개 등 44개 언론매체를 통폐합시켰다. 그 외에 정기간행물 172종의 등록을 취소시켰다. 또한 1000여명의 언론인을 강제 해직시켰다. 언론 통폐합 이후 1980년 12월 31일 공포된 '언론기본법'으로 언론은 더욱 위축되었다(한국민족문화대백과사전).

일 도쿄 올림픽은 화려한 막을 올렸고, 올림픽 취재에 앞장서야할 '일간스
포츠신문'은 그 이튿날 막을 내렸다(한국경제신문사, 1984: 269-270).

한국경제신문이 밝혔듯이 당시 한국의 경제상황은 스포츠 전문지가
독자적으로 생존할 수 있는 여건이 되지 못하였다. 신문이 존속하기 위
해서는 판매부수와 광고가 많아야 했으나, 일간스포츠신문은 이를 타개
하지 못하였다. 유홍락은 "스포츠신문 만으로는 경영이 되지 않았다. 입
사 한 달 만에 회사가 기자들에게 봉급을 제때에 주지 못할 정도로 어려
움을 맞았다. 첫 달 봉급이 3000원이었는데, 다음 달엔 봉급을 제때 주지
못해 우선 일부인 500원만 받게 됐다"고 말했다(유홍락 전화면담, 2014.07.27).

일간스포츠신문은 1964년 10월 10일자 1면에 '오늘 동경 올림픽 개
막'을 톱기사로 싣고 지면 가운데에 3단 크기의 대형 사고를 통해 '본지
경제신문으로 새 출발'을 선언했다. 10월 9일자 1면에 같은 크기, 같은
자리에 처음 사고를 낸 데 이어 두 번째이자 마지막 알림을 올리고 독자
들과 작별을 고했다. 불과 보름전인 9월 25일자 1면 하단에 '고두현 기자
도쿄 올림픽 취재차 25일 출발'을 알렸던 스포츠신문이 10월 12일부터
경제, 스포츠, 연예, 여성을 망라하는 특수종합지로 선구 역할을 하겠다
고 다짐하는 내용이었다. 정권의 전폭적인 지원을 받고, 창간사에서 국
가 민족 체육이 삼위일체가 되는 '광원한 체육도'를 논하며 결연한 의지
로 첫 걸음을 떼었던 국내 최초의 스포츠 전문 일간지는 창간한지 불과
13개월 27일 만에 간판을 내렸다.

4. 일간스포츠의 모태 서울경제신문 스포츠면

일간스포츠신문이 '한국 최초의 스포츠 전문지'라는 타이틀을 남기고 1년 만에 사라진지 5년 뒤인 1969년 9월 한국일보사에서 국내에 본격적인 스포츠 전문지 시대를 연 '일간스포츠'를 창간했다. 일간스포츠는 2000년대 중반 모기업이 한국일보사에서 중앙일보사로 바뀌었지만 반세기 동안 제호를 유지하며 가장 오랜 역사를 가진 스포츠전문지로 전통을 지켜오고 있다.

일간스포츠가 공식 출범한 것은 1969년 가을이었지만 그 기초 작업은 1961년부터 시작됐다. 1963년 일간스포츠신문이 먼저 창간돼 과감한 시도 끝에 1년 만에 간판을 내리는 사이 한국일보 장기영 사장은 서울경제신문을 통해 실험하며 시장상황과 스포츠전문지 독자생존의 가능성을 엿보고 있었다.

1961년 10, 11월 두 차례 열린 한국과 유고의 월드컵 축구 예선전을 계기로 서울경제신문은 전체 4페이지 중 마지막 페이지인 4면을 전부 스포츠 란으로 할애하는 과감한 시도를 했다. 당시 대한체육회 부회장 겸 대한축구협회장을 맡고 있던 장기영은 대회에 대한 국민적 관심을 제고하기 위해 자신이 경영하는 신문을 적극적으로 활용했다. 해외를 여행하며 자주 접했던 외국 스포츠신문, 잡지를 통해 국내에서도 스포츠 저널리즘 개척에 복안을 품고 있던 장기영은 이를 계기로 스포츠전문지의 필요성을 실감했고, 8년 뒤 스포츠전문 일간지 시대를 열었다.

1969년 9월26일 창간된 일간스포츠의 모체는 서울경제신문이었다. 61년 12월1일 월드컵 축구 한국-유고슬라비아 전을 계기로 서울경제 4면을 과감하게 스포츠 판으로 바꾸었다. 이처럼 한국일보가 스포츠에 각별한 관심을 기울인 것은 스포츠맨 장기영 사장이 스포츠 저널리즘 개척에 뜻을 두어 한국일보와 더불어 주간스포츠를 간행하는 등 정열을 쏟다가 대한체육회 부회장 겸 축구협회 회장으로 대표 팀을 이끌고 유고 월드컵 예선전에 참가해, 해외의 활발한 스포츠 보도에 자극받아 스포츠 전문지의 필요성을 예견했던데 기인한다(한국일보사, 1984: 737).

장기영은 1966년 KOC위원, 1967년 국제올림픽위원회(IOC) 위원에 오르며 언론계 뿐 아니라 체육계 인사로도 활발하게 활동하고 있었다. 한국일보사는 장기영 사장의 주도 아래 1955년 경부역전 마라톤 대회와 야구, 테니스 대회를 개최했고 1958년에는 미국 메이저리그의 세인트루이스 카디널스 프로야구단을 초청해 친선경기를 열었다. 봉황대기 야구 대회, 연날리기와 활쏘기 대회 등을 개최하면서 스포츠와 레저 분야에 깊숙이 관여하고 있었다(김경호·하웅용, 2017: 1-17).

결국 스포츠인 장기영의 체육에 대한 뜨거운 애정과 언론인으로서의 판단력, 경영자로서의 결단력이 어우러져 스포츠전문지 창간의 밑그림이 진행되고 있던 것이다. 스스로 벌여놓은 다양한 스포츠 관련 사업을 더욱 풍성하게 하는데도 스포츠전문 일간지는 유용할 것이었다. 한국의 1세대 스포츠전문기자로 활약한 오도광은 한국일보사에서 서울경제신문에 스포츠면 을 신설하고, 이후 일간스포츠를 창간하게 되는 과정을 관훈저널에 기고한 회고 '나의 스포츠기자 시절'을 통해 상세히 남겼다.

> 당시 장기영 사장은 대한 축구협회장을 맡고 있었으며 월드컵축구 지역예선의 결승인 한국-유고전의 어웨이 경기를 치르기 위해 한국대표축구팀을 이끌고 유고 원정을 다녀왔다. 유럽여행에서 귀국한 장 사장은 신문사 간부회의에서 한국일보 자매지로 발행되고 있는 서울경제신문의 4면 전면을 스포츠면으로 제작한다는 방침을 밝히고 서울경제 편집국에는 체육부가 없으니 스포츠면으로 편집하는 서울경제 4면 스포츠면 제작을 한국일보 체육부가 담당하며, 한국일보 체육부는 한국일보와 서울경제 스포츠면을 동시에 제작한다는 원칙을 제시하면서 그에 대비하여 체육부 인원을 증원·보강하라고 지시했다는 것이다. 장 사장은 오래전부터 스포츠 전문지 발행을 염두에 두고 있었는데 그 전초작업으로 서울경제 4면을 전면 스포츠면으로 제작하여 스포츠 전문지의 가능성을 점검하기로 구상하고 유럽여행 중 그 구상을 구체적인 계획으로 치밀하게 다듬은 뒤 귀국과 동시에 간부회의에서 밝힌 것이다(오도광, 2011: 104-133).

1961년 월드컵 예선은 아시아축구연맹(AFC) 1위로 플레이오프에 진출한 대한민국과 유럽예선 10위로 플레이오프에 나온 유고슬라비아의 홈 앤드 어웨이 2경기로 치러졌다. 장기영은 10월 8일 유고슬라비아 베오그라드에서 열린 1차전에 선수단을 이끌고 다녀온 뒤 11월 26일 서울 효창운동장에서 열린 2차전까지 마치고 나서 12월 1일자부터 서울경제신문 4면을 스포츠면으로 전환할 것을 결정했다. 서울경제신문에는 체육부가 없었고, 한국일보에도 부장 1명과 기자 1명만 있던 체육부의 인원을 늘려 두 곳의 스포츠면을 모두 만들도록 하는 결정이었다. 한국일보에는 스포츠 면이 따로 있는 것이 아니고 꼭 필요한 기사만 사회면 귀퉁이에 실리는 때였기에 한국일보 체육부 기자들은 사실상 서울경제 체육 면을 채우는데 전념했다. 한국일보 체육부 인력은 나중에 일간스포츠가 창간된 이후에도 한국일보와 일간스포츠를 동시에 제작했다. 다음은 오도광이 남긴 당시의 인력 보강 뒷이야기다.

> 증원된 한국일보 체육부 진용은 편집부국장 겸 체육부장 이용일, 차장 조동표, 기자 조두흠, 오도광, 이태영으로 짜였고 편집은 한인성 기자가 전담하였다. 조동표 차장은 기자에서 1계급 승진했고, 조두흠 기자는 한국일보 수습 6기로 나보다 1기 선배였다. 경향신문에서 스카우트된 이태영 기자는 베를린 올림픽 당시 동아일보 체육기자로 손기정 선수 일장기 말살 사건의 주역으로 옥고를 치르기까지 한 이길용 선생의 아들이다. 이길용 선생은 6·25 때 납북되었고 아들인 이태영 기자가 아버지의 길을 이어받아 경향신문에서 체육기자로 출발한 지 얼마 되지 않았는데 한국일보에서 스카우트한 것이다. 부장 1명에 기자 1명의 미니부서인 체육부가 5명으로 증원되어 서울경제신문 4면을 완전한 체육 면으로 제작하기 시작했는데 그 뒤 수습기자를 받아들이고 여기자도 새로 보충하여 가족이 늘어났다(오도광, 2011: 104-133).

도쿄 올림픽이 열리기 전, 1960년대 초반 종합일간지 편집국에서 체육부는 거의 존재감이 없는 분야였다. 각 일간지 별로 1명의 스포츠기자가 일하는 게 보통이었고, 독립된 부서가 있는 곳도 거의 없었다. 장기영 사장이 체육부 증원을 결정하기 전까지 한국일보 체육부엔 부장 1명에 기자 1명, 즉 이용일 부장과 조동표 기자 1명밖에 없는 초소형 부서였다. 오도광은 당시 경제부에서 일하다가 평소 미국 메이저리그와 야구, 프로복싱 등 스포츠에 해박한 지식을 갖고 있다고 인정받아 체육부로 발령받게 됐다. 오도광은 회고에서 "대세가 이러하니 나는 아무 말 못 하고 노른자위 경제부를 뒤로 하고 찬밥 체육부로 갈 수밖에 없었다"고 했다. 그럴 만큼 당시에도 체육부는 기자들이 가고 싶어 하지 않는 부서로 꼽히는 곳이었다. 여기에 훗날 일간스포츠 편집국장을 지낸 조두흠, 그리고 경향신문에서 스카우트 돼 온 이태영이 가세해 제법 규모를 갖추게 됐다. 이태영은 1936년 베를린 올림픽에서 마라톤 금메달을 딴 손기정의 시상식 사진에서 일장기를 지워버린 동아일보 이길용 기자의 아들이다 (오도광, 2011: 104-133).

이태영도 당시 한국일보 체육부에 스카우트돼 일하다가 일간스포츠를 창간하게 되는 과정을 밝혔다. 이태영은 특히 스포츠에 애정이 많았던 장기영 사장을 가까운 거리에서 오랫동안 보필한 인연을 갖고 있다.

> 장기영 사장이 해외를 다녀보니 대도시에 스포츠신문이 없는 데가 없고, 우리도 절대로 필요한데 아직 여건이 안 맞아 독자적으로 가긴 힘들다

고 판단했다. 1961년 12월에 우선 서울경제신문 한 면을 스포츠면 으로 만들었고, 나는 경향신문에 있다가 1962년에 스카우트 됐다. 함께 했던 조동표, 오도광, 조두흠 등은 모두 막강한 인물들이었다. 나중에 일간스포츠신문이 창간된 뒤에도 한국일보 체육부가 양쪽 신문을 다 만들었다. 스포츠 분야에서 상당한 파워와 인맥을 갖춘 기자들이 포진해 있다가 일간스포츠신문을 창간한 게 나중에 그만큼 신문의 위상을 높인 계기가 되지 않았나 싶다. 일간스포츠 창간 시기 결정은 장기영 '사주'의 판단이었는데, 그가 결정하면 누구도 반대할 수 없는 시절이었다(이태영 면담, 2018.11.01).

일간스포츠 창간을 위한 복안을 일찌감치 마련하고 경제신문의 한 면을 빼내 인력을 보강하고 차근차근 시기를 보던 장기영 사장의 치밀함을 엿볼 수 있는 부분이다. 한국일보 체육부는 1964년 도쿄 올림픽에 사진기자 1명과 영자신문 코리아 타임스 기자 1명을 포함한 8명의 대규모 취재단을 파견해 올림픽 소식을 대대적으로 보도했다. 스포츠전문지라는 일간스포츠신문이 이미 내부적으로 경제지 전환을 결정하고 형식적으로 기자 1명만 파견한 것과는 비교할 수 없는 규모였다. 당시 한국 언론이 도쿄 올림픽에 파견한 기자는 총 20명(동아일보, 1964. 10. 23)에 불과했다.

도쿄 올림픽의 열기는 한국의 스포츠 활동에도 큰 자극제가 됐다. 야구, 축구, 농구, 배구 등 단체 구기종목이 대중의 인기를 모았고 신문의 지면이 8면으로 늘어남으로써 스포츠면도 독립된 면을 차지하게 됐다. 이에 따라 중앙 종합지들은 체육부를 편집국내 독립취재부서로 운영하기 시작했다. 1사 1체육기자 시절을 벗어나 각사 체육부에 기자가 증원

됐다. 체육기자들도 경기 종목별로 전문화됐고 스포츠기사도 경기상보, 작전분석, 전력평가 등 전문화되기 시작했다. 한국의 스포츠저널리즘이 본궤도에 올라 발전의 기반이 다져졌고 이때를 기다려 일간스포츠는 고성을 울리게 된다(오도광, 2011: 104-133).

5. 일간스포츠신문의 주요 보도

신문은 역사의 기록자이다. 실물로 남는 종이신문은 더더욱 그렇다. 우리 시대에서 매일 일상적으로 벌어진 일을 후대에 남기는 신문이야 말로 가장 생생한 역사기록이라고 할 것이다. 또한 그 보도 내용에는 시대적, 사회적 필요와 요구에 따라 은연중에 담고 있는 이데올로기가 포함돼 있다.

50여년의 역사를 갖고 있는 한국의 스포츠신문은 국내 근대스포츠사와 호흡을 같이 했고 현장의 기록과 분석, 관계자들의 말 등을 뚜렷이 남겼다. 특히 2020년대를 앞두고 초고속으로 변화하고 있는 현재의 기준으로 본다면 초창기의 스포츠신문은 이미 역사적 사료로서 충분한 보존가치를 지니고 있다. 한국체육사의 중요한 순간을 기록한 스포츠신문의 기사와 편집 내용을 살펴보면 시대별로 스포츠신문이 대중에게 전하고자 한 메시지와 이데올로기, 당시의 정서, 사회적 분위기 등을 파악할 수 있을 것이다.

일간스포츠신문 발간 시절 체육계의 주요 성과는 제5회 아시아야구

선수권대회 우승(1963년), 박정희 장군배 동남아 여자농구대회 상업은행 우승, 인스부르크 동계 올림픽(1964년) 등이 있었다. 스포츠 경기 기사만 으로는 지면을 채우기 힘들었던 시절이고, 이에 따라 수개월 앞으로 다 가온 도쿄 올림픽 준비와 관련한 국내외 소식이 주로 1면을 장식했다.

1963년 9월 30일자 1면에는 '야구 한국의 실력을 과시'라는 제목 아래 한국이 제5회 아시아야구선수권대회에서 김응용의 투런 홈런과 신용균 의 호투로 일본을 3-0으로 꺾고 우승한 소식이 실렸다. 왼쪽 상단에는 '한 국야구의 승리가 의미하는 것'이란 사설을 통해 한국 대표 팀이 도쿄에서 열린 제3회 대회에서 일본에 20-1로 졌으나 이번 대회에서는 두 차례 맞 붙어 5-2, 3-0으로 모두 이겨 첫 우승을 차지했다며 치욕스러운 패배를 설 욕했다고 강조했다. 이어 미국과 함께 프로화가 잘 돼 있는 일본의 비프로 팀을 상대로 이겨 우승했지만 우리의 선수층이 일본에 비해 현저히 떨어 짐을 지적하면서 한 번의 승리에 자만하지 말아야 한다고 부탁했다.

여기서 엿볼 수 있는 당시 스포츠 보도의 정서는 '항일', '극일'이다. 엘리트 스포츠에서의 성과는 다른 나라, 민족, 체제와의 대결을 통해 민 족적 자긍심을 높이고 우월성을 확인하는 중요한 기제로 활용된다. 특 히 나라를 뺏긴 일제강점기 동안 스포츠를 비롯한 사회 전 분야에서 일 본에 짓밟히고, 억눌렸던 피해로 인해 항일정신은 더욱 뿌리가 깊었다. 더구나 일제로부터 벗어난 지 15년밖에 안된 당시 일반국민의 항일정 서, 일본에는 꼭 이겨야 한다는 명제는 시간이 오래 지난 현재와는 비교 할 수조차 없이 매우 강했던 시기였다. 아시아 야구선수권대회에서 우

그림 4. 일간스포츠신문 1963년 9월 30일
자료출처: 한국경제신문 조사자료부

승한 날, 일간스포츠신문은 사설을 통해 한국야구의 첫 아시아 제패를 칭찬하고 선수들이 더욱 분발해 줄 것을 주문했다. 아울러 숙적 일본에 수년전 대패했던 치욕을 이번에 씻었다는 사실을 강조해 국민적 만족감과 일본을 상대로 거둔 승리에 큰 의미를 부여했다.

언론의 관점에서 주목할 부분은 바로 이 사설이다. 사설은 신문의 핵심이다. 해당일의 뉴스 가운데 가장 시사성이 크고, 의미가 있으며, 논쟁이나 비판의 대상이 될 수 있는 사건에 대해 엄중한 비평과 함께 신문의 의견을 논리적으로 담아내는 글이 사설이다. 일간스포츠신문과 일간스포츠 초기에는 사설이 실렸다. 한국일보가 낸 일간스포츠에는 사설이 실리지 않는 시기에는 '천일평 코너', '오도광 칼럼' 등 고정 칼럼을 통해 스포츠계에 메시지를 던졌다. 하지만 현재의 스포츠신문에는 사설이 없다. '기자수첩', '기자의 눈'과 같은 취재기자 칼럼이나 일반 기사로 비판기능을 대신하곤 하는데, 사설의 유무는 초기 스포츠신문과 요즘 스포츠신문을 구분하는 가장 큰 차이점이기도 하다.

1964년 2월 25일자 1면에는 제2회 박정희 장군배 동남아여자농구대회에서 상업은행이 우승한 소식이 '벅찬 감격 속에 화려한 피날레'라는 제목으로 올라왔다. 박정희 대통령이 상업은행 주장 박신자에게 우승컵을 전달하는 사진도 실렸다. 1964년 6월 3일에는 에이버리 브런디지 국제올림픽위원회(IOC) 위원장의 방한 소식이 1면 톱기사로 올라와 눈길을 끈다. 석간인 일간스포츠신문은 브런디지 위원장이 이날 오후 6시에 김포공항으로 도착한다며 이번이 두 번째 방한으로 박정희 대통령으로부터 문화훈장을 받는다는 내용을 담고 있다. 도착예정 기사를 1면 톱으로 올린 것은 매우 이례적이다. 이날 저녁 8시를 기해 서울 일원에 비상계엄령이 선포됐고, 다음날 오전 브런디지 위원장은 박정희 대통령으로부터 문화훈장을 수여받았다. 브런디지를 초청해 융숭한 대접을 하면서 당시 첨예했던 북한과의 스포츠 외교전에서 승리하기 위해 노력했던 장면을 엿볼 수 있다.

1964년 6월 17일자로 실린 '북괴, 또 체육 외교공세' 제하 기사에선 북한이 조총련계 교포선수들의 올림픽 출전을 허용해달라고 IOC에 요청했다는 내용을 담고 있다. 8월 19일에는 'IOC, 북괴 측 명칭 변경요청 거부, 노드 코리어 외에 안 돼'라는 제목의 속보를 통해 북한이 도쿄 올림픽에서 '조선민주주의 인민공화국(DPRK)'으로 개명해 줄 것을 요청했으나 IOC가 '노드 코리아(North Korea)'라는 명칭 외엔 허용할 수 없다는 기사를 1면 톱으로 실었다. 10월 8일자 신문 1면에는 '북괴, 올림픽 앞서 최후 발악. IOC 총회 난입 시도'라는 제목을 통해 북한이 자신들의 여러 요

구가 관철되지 않자 총회장에 난입했다고 전했고 9일자에는 '북한, 오륜
을 보이코트'라는 제목으로 북한의 도쿄 올림픽 철수를 전했다.

북한 괴뢰 정권을 의미하는 '북괴'라는 표현은 한동안 우리 국민에게
북한을 통칭하는 용어로 쓰였다. 전쟁의 아픈 상처가 채 아물지 않았던
시기, 북한 공산주의 정권은 우리 정부와 국민 모두에게 반드시 이겨야
하고 넘어야할 대상이었다. 경기의 승패가 갈리는 스포츠에서는 상징적
인 의미에서도 북한은 반드시 이겨야 하고 눌러야 하는 적수였다. 북한
과의 대결에서 승리한다는 것은 체제 및 국가의 우월성을 확인하는 상징
적인 의미로 통했다. 북한과의 경기에서 승리함으로써 국민들이 갖는 승
리의식, 우월감, 만족감 등이야 말로 당시의 정부가 엘리트체육을 집중
적으로 육성하는 목적이기도 했다.

그랬기에 스포츠뉴스에서도 북한 관련 소식은 매우 적대적일 수밖에
없었다. 1964년 도쿄 올림픽을 앞두고는 1963년 인도네시아에서 열렸던
가네포(사회주의국가 중심의 신흥국경기대회)를 국제올림픽위원회(IOC)가 인정하
지 않음으로써 그 대회에 나갔던 북한 선수의 올림픽 출전을 허용하지 않
는 조치가 내려졌다. 북한은 남북 단일팀 구성 논의가 무산된 이후 IOC가
가네포에 출전했던 세계적인 육상선수 신금단의 올림픽 출전을 허용하
지 않는 정치적 결정을 내리자 전 선수단을 철수시키는 보이콧을 감행했
다. 우리 정부와 언론, 국민의 관점에서는 IOC의 조치는 당연한 것이며
북한의 행위는 '최후의 발악'을 하는 난동으로 여겨질 수밖에 없었다.

6. 갈무리

6·25 전쟁 이후 국가 재건시기에 이뤄진 최초의 스포츠전문 일간지 탄생, 그리고 또 다른 스포츠전문지 준비가 진행된 1960년대 상황을 고찰해 다음과 같은 결론을 추출할 수 있었다.

첫째, 1963년 국내 최초의 스포츠전문 일간지로 탄생한 일간스포츠신문은 1964년 도쿄 올림픽을 앞두고 스포츠계에서 적극적으로 활동하고 있던 윤갑수 등이 정부의 지원을 받아 펴낸 신문이다. 이전까지는 스포츠전문 잡지가 있었으나 간헐적으로 나올 뿐, 이렇다 할 스포츠미디어가 존재하지 않았다.

박정희 대통령 권한대행이 창간호에 붓글씨로 휘호와 창간 축사를 보내며, 문화공보부 장관과 차관이 축하광고를 하는 등 일간스포츠신문 1면에서부터 정권의 전폭적인 지원 사실을 찾을 수 있었다. 창간사에서 체육대한의 재건립, 국가와 민족과 체육이 삼위일체가 되는 광원한 체육도를 주장했듯이 이 신문의 창간정신과 편집방침은 체육계의 발전과 국제 체육대회에서의 성과를 통해 국가의 위상과 민족의 자긍심을 높이는 데로 집중됐다.

당시 신문에 종사했던 기자들의 증언에 따르면 일간스포츠신문은 친정부계 신문이었으며 신문의 경영진은 정권의 핵심부와 긴밀한 관계를 유지하고 있었다. 박정희 장군배 쟁탈 동남아시아 국제여자농구대회를 신문사 사업으로 주최할 만큼 정부의 전폭적인 신뢰와 지원을 받았고 각종 스포츠 관련 사업을 적극적으로 전개하며 스포츠계에 활력을 불어넣

으려고 노력했다. 박정희 대통령은 이 대회 결승전이 열리는 날 직접 대회를 관람하고 시상식에도 나서 트로피를 전달했다. 쿠데타를 통해 집권한 군사정부로서 스포츠를 통해 국민적 관심을 정치 사회문제로부터 떨어지게 할 필요성이 있었고, 일간스포츠신문은 박정희의 국제적 지도자 이미지 포장과 정부방침 홍보에 매우 유용한 수단이 됐다.

그러나 정부의 전폭적인 지원과 지지에도 불구하고 1960년대 초반 한국의 경제규모 및 스포츠계 환경에서는 스포츠전문 일간지가 독자적으로 생존하기 어려웠다. 창간 직후부터 직원들의 월급을 제때 지급하지 못할 정도의 궁핍한 환경을 버티던 일간스포츠신문은 창간 1년여 만에 도쿄 올림픽 개막 직전에 마지막 호를 낸 뒤 일간경제신문이라는 제호로 이름을 바꾸고 경제지로 변신했다. 정부의 지원을 배경으로 믿고 출발했지만 결국 한계에 부딪힌 일간스포츠신문은 한국최초의 스포츠전문 일간지라는 이름을 남기고 역사 속으로 사라졌다.

둘째, 한국일보사가 펴낸 일간스포츠의 출발은 1961년 12월 1일부터 시도한 서울경제신문 스포츠면 에서 비롯됐다. 일간스포츠신문 창간 이전부터 스포츠 저널리즘 개척에 큰 관심을 갖고 있던 한국일보 장기영 사장은 1961년 칠레 월드컵 아시아-유럽 플레이오프전인 한국과 유고슬라비아의 홈앤드어웨이 경기를 계기로 12월 1일자부터 서울경제신문 맨 마지막 페이지를 전부 스포츠면 으로 전환했다. 이를 위해 한국일보 체육부는 취재기자를 대폭증원 했고, 1964년 도쿄 올림픽에 대규모 취재단을 파견하는 등 스포츠전문 일간지 창간을 차근차근 준비했다.

　결론적으로 1963년 일간스포츠신문이 군부정권의 지원에도 불구하고 탄생 후 1년여 만에 무모한 도전을 접은 반면, 한국일보사의 일간스포츠는 치밀한 준비과정과 출범시점을 판단하는 신중한 기다림의 산물이었다. 이 장의 시기 구분 제목 '스포츠신문의 탄생과 여명'을 표면적으로 읽으면 '선발 일간스포츠신문의 탄생과 사멸, 후발 일간스포츠의 준비 기간'으로 해석할 수 있을 것이다. 그러나 장기적 시각으로 더 큰 틀에서 본다면 이 시기는 이 땅에 본격적인 스포츠신문 시대를 연 선구자 일간스포츠의 창간을 기다리는 여명이 찬란한 새벽을 준비하던 때였다고 할 수 있을 것이다.

　셋째, 일간스포츠신문이 발간된 1960년대 초반은 한국이 일제강점기에서 벗어나자마자 6·25 전쟁을 치르고 전쟁의 상흔을 치유하며 국가재건에 매진하던 때다. 엘리트 스포츠의 국제대회 성과는 미약했지만 일본, 북한과의 맞대결에서 만큼은 반드시 이겨야 한다는 대명제가 존재했다. 엘리트 스포츠를 통한 국가, 민족, 체제의 우월성 확인이 그 당시 스포츠미디어에 흐르는 기본 이데올로기이자 정서였다.

　이상의 내용을 통해 한국 최초의 스포츠신문은 정치권과 긴밀한 관계 속에서 탄생했음을 알 수 있다. 군사정권은 스포츠를 통치의 한 수단으로 활용하려고 했다. 체제간의 대결에서부터 사소한 개인의 경쟁에 이르기까지 스포츠 경쟁의 메커니즘은 특정 집단이나 개인을 집단적 정체성의 규범으로 통합해내는 역할을 한다. 이 과정에서 스포츠 경기와 스타 플레이어는 이데올로기적 통합의 주요기제로 활용된다(김창남, 2010: 344).

국제무대에서 한국선수들이 다른 나라를 상대로 벌이는 스포츠 경기는 가상의 국위 대결이었고, 상대가 일본이나 북한인 경우에는 민족 및 체제간의 대결로 의미가 승화됐다. 정부로서는 이왕이면 스포츠소식을 전문적으로 보도할 매체가 필요했고, 그 목적에 맞춰 탄생한 일간스포츠신문은 보도 속에 민족주의와 국가주의 이데올로기를 투영하면서 기존의 항일, 반공이라는 사회적 아비투스를 재생산 하고 강화하는 역할을 수행했다.

한국 최초의 스포츠신문이 정권과의 밀착을 통해 탄생했다는 사실은 스포츠계의 오랜 논의 및 논쟁거리인 '스포츠와 정치'라는 화두를 던진다. 사회학적으로 스포츠의 기능을 부정적으로 보는 비판론자들은 스포츠가 국민의 정치적 무관심을 고취하는데 훌륭한 수단이며, 박진감 넘치는 스포츠 활동에 넋을 빼앗긴 사람들은 골치 아픈 정치적 문제들을 잊어버리고 스포츠 활동의 재미에만 탐닉하게 한다고 주장한다(정준영, 2003: 82). 일간스포츠신문과 박정희 정권의 밀착관계에서 볼 수 있듯이 한국에서도 스포츠는 일찌감치 정치권의 이용 대상이 됐고 스포츠신문은 이를 홍보하기 위한 수단이라는 관념이 독재정권에 비판적인 시각을 가진 지식인들의 머릿속에 굳건히 자리를 잡도록 하는 출발점이 됐다. 즉 비판적 성향의 지식인과 대중 사이에서 스포츠와 스포츠신문은 정권유지를 위한 도구의 하나일 뿐이라는 부정적 인식과, 스포츠에 열광하는 일은 독재군부가 펼쳐놓은 의도적인 덫에 자신도 모르게 빠져들고 호응하게 되는 결과로 이어진다는 저항적 관념이 자리를 잡게 하는 기초가 됐다.

　이상과 같은 고정관념은 당시의 비판적 언론계와 언론 종사자들에게
도 영향을 주었다. 스포츠 뉴스는 정치, 경제, 사회 등 다른 분야의 이슈
에 비해 상대적으로 중요하지 않게 여겨졌고, 실제로 스포츠계는 그 자
체만으로는 풍부한 이야기 거리를 만들어내지도 못했다. 체육부는 종합
일간지 편집국의 중요 부서 서열에서 자연스럽게 뒤로 밀렸고, 변변한
지면을 배정받기도 어려웠다. 아울러 스포츠 기자의 역할은 정치, 경제,
사회 분야를 담당하는 기자들에 비해 가볍게 여겨졌다. 신문사 안에서도
체육부에 발령받으면 소위 '물을 먹었다'는 인식이 생겼고, 경제부와 같
은 곳은 '노른자'로 여겨졌다.

　이 같은 스포츠, 스포츠부 경시 분위기는 전체 언론계에서 자연스럽
게 확산됐고 나중에 스포츠신문이 등장했을 때에도 대중지는 일반 종합
지에 비해 격이 낮은 신문이라는 '반복 학습되고 육화된 취향'으로 이어
졌다. 대중지는 상대적으로 중요하지 않은 스포츠와, 고급문화에 비해
질이 떨어지는 대중문화를 대상으로 삼는 신문이라는 언론계의 구별 짓
기[03]가 형성된 것이다. 이 같은 관념은 1960년대 이후 언론계 내부에서
지속적으로 반복 학습돼 왔으며 구성원 사이의 전수와 재생산을 통해 무
의식적으로 강화되고 고정된 구별 짓기의 뿌리가 되었다.

03　구별 짓기(distinction·디스땡끄시옹)가 기본적으로 함축하는 의미는 남들로부터 자신을
　　구별하여 두드러지게 하는 것이 계급분화와 계급구조를 유지하는 기본 원리 중의 하
　　나라는 것이다. 구별, 차별화, 탁월화, 변별적 기호 등으로 다양하게 해석될 수 있다(피
　　에르 부르디외, 2006).

Ⅲ. 일간스포츠의 독주

1969년 창간돼 국내 유일의 스포츠전문지로 기틀을 닦은 '일간스포츠'는 첫 경쟁지 '스포츠서울'이 등장한 1985년 이전까지 16년간 독점적 지위를 누렸다. 치밀한 준비와 신중한 시기 선택을 거쳐 모험적으로 출범한 일간스포츠는 1970년대 급속한 경제성장과 더불어 국민들의 스포츠와 레저, 대중문화에 대한 관심이 증폭되면서 빠르게 성장했다. 청바지와 통기타, 생맥주로 대변되는 청년문화가 발전하던 시기의 흐름을 잘 탔다.

앞서 선발 '일간스포츠신문'이 불과 1년여 만에 문을 닫았던 실패 사례가 있었지만 한국일보 장기영 사장의 의지는 확고했고, 그런 배경 속에 창간된 일간스포츠는 예상보다 더 큰 인기를 모으며 짧은 시간 안에 비약적으로 성장했다.

일간스포츠가 닦아놓은 스포츠신문 시장에 경쟁사들이 서서히 관심을 쏟기 시작할 만한 무렵이던 1980년 11월, 신군부의 언론 통폐합 조치와 그에 따른 언론기본법[01]은 일간스포츠의 의도와 상관없이 그 독주 기간을 조금 더 늘리는 결과로 이어졌다.

일간스포츠가 독주했던 1970년대와 1980년대 초반은 한국경제의 초고속 성장기다. 1968년부터 4년 연속 10%대 경제성장률이 기록됐고 1973년 14.8%를 정점으로 매년 10% 안팎의 경제성장률이 지속적으로 유지됐다. 1970년의 2015년 대비 1인당 실질 국민총소득(GNI)은 247만 원이었고 이는 1975년 331만원, 1980년 467만원, 1985년 667만원으로 급속히 뛰어올랐다. 1975년부터 1985년까지 10년 사이에 국민총소득은 두 배로 늘어났고, 국가의 경제규모도 그 만큼 커졌다(통계청 자료).

정치적으로는 3, 4공화국을 거쳐 1979년 10.26 사건으로 박정희 대통령 사망과 함께 유신정권이 무너진 뒤 12.12 신군부 쿠데타로 전두환의

---

01 전두환 군사정권의 통치기반 구축의 일환으로 언론규제의 제도적 장치를 마련하기 위해 1980년 12월 31일 국가보위입법회의에서 제정한 법률(법률 3347호). 언론의 권리와 의무·언론기업과 언론인·정기간행물·방송·언론 침해에 대한 구제·벌칙 등 전문 57조와 부칙 4조로 구성된 이 법은 '국민의 표현의 자유와 알 권리를 보호'한다는 입법취지와는 정반대로, △정기간행물의 등록의무제(사실상의 허가제) △문화공보부 장관의 발행정지 명령권 및 등록취소 권한 등의 독소 조항을 두어 표현의 자유를 억압하는 한편, '편집인과 광고책임자 또는 그 대리인은 정기간행물을 편집하거나 광고를 함에 있어서 범죄를 구성하는 내용을 배제할 권리와 의무가 있다'고 규정, 국민의 알 권리를 제한했으며, 방송위원회·방송심의위원회·언론중재위원회의 설치를 강제함으로써 방송매체에 대한 권력의 통제를 합법화했다. 또한 이 법에 따라 문화공보부 안에 설치된 홍보정책실에서는 매일 '보도지침'을 만들어 언론매체에 시달, 언론에 대한 엄격한 통제를 가했는데, 이 사실을 폭로한 '말'지의 '보도지침기사사건'과 관련, 1986년 12월 김주언·김태홍 등 언론인이 구속되기도 했다. 1983년 이후 재야세력과 야당이 줄곧 폐지를 요구, '6·29선언' 이후 폐지되었다(한국근현대사사전).

제5공화국이 출범하는 등 격동이 몰아쳤던 시기다.

'체력은 국력'을 슬로건으로 국가 차원에서 엘리트 체육을 전폭적으로 육성하고 지원하는 국가아마추어리즘(State Amateurism)을 실천한 3, 4공화국 못잖게 전두환 정부 역시 '스포츠 공화국', '올림픽 공화국'이라는 말을 들을 정도로 엘리트 스포츠를 적극 지원했다. 1981년에 88서울 올림픽과 86 아시안게임을 유치한데 이어 1982년부터 야구, 축구, 민속씨름 등 인기 종목의 프로화 출범을 독려해 국민적 관심을 정치, 사회 문제에서 스포츠로 돌리려 했다. 스포츠는 제5공화국의 문화정책을 부르는 '3S 정책'[02] 가운데 으뜸이었다.

이 기간 동안 한국스포츠도 비약적으로 발전했다. 이에리사, 박미라, 정현숙의 사라예보 세계탁구선수권대회 여자단체전 우승(1973년), 홍수환의 WBA 밴텀급 타이틀 획득, 조오련의 아시안게임 수영 2관왕(1974년), 유제두의 프로복싱 WBA 주니어 미들급 타이틀 획득(1975년), 몬트리올 올림픽에서 레슬링 양정모의 태극기 아래 첫 금메달, 여자배구의 올림픽 구기사상 첫 동메달(1976년), 홍수환의 WBC 슈퍼페더급 타이틀전 '4전 5기' 승리(1977년), 차범근의 서독 분데스리가 진출, 제49회 세계 사격선수

---

02 3S, 즉 스크린(screen·영화), 스포츠(sport), 섹스(sex)에 의한 우민정책. 대중을 이와 같이 3S로 유도함으로써 우민화하여 대중의 정치적 자기소외, 정치적 무관심을 유도함으로써 지배자가 마음대로 대중을 조작할 수 있게 하는 정책을 말한다. 식민지정책에 있어서 순치정책의 한 전형이다(두산백과). 현대국가에 있어서 대중조작에 의한 대중의 강제적 동의, 방관적 냉소중의 등을 유도하는 문화현상을 흔히 3S라는 말로 표현하고 있다. 그 중에서도 스포츠 부문은 가장 전형적인 대중조작의 양식이다(고광헌, 1988).

권대회 서울 개최(1978년), 김진호의 양궁 세계선수권대회 5관왕(1979년), 1988 서울올림픽 유치 확정(1981년), 고교 야구 열기, 프로야구 출범(1982년), 민속씨름 및 프로축구 출범, 멕시코 세계 청소년축구선수권대회 4강신화(1983년), 1984 로스앤젤레스 올림픽 금메달 6개 획득 등 한국 스포츠사의 한 페이지를 장식할 대형뉴스 들이 일간스포츠 지면에서 빛났다.

이 장에서는 일간스포츠가 상상 외로 빠르게 성장해 16년간 독주할 수 있었던 원동력은 무엇이고 선발 일간스포츠신문과 후발 일간스포츠의 성패를 가른 차이는 무엇인지, 그리고 이 기간 동안 일간스포츠가 국내 스포츠계와 문화계에 기여한 바는 무엇인지 고찰하고자 한다.

1. 일간스포츠의 탄생과 성장

한국일보사는 1969년 4월16일 창간 준비위원회를 설치하고 한국일보 창간 15주년 기념일인 6월9일 스포츠신문을 창간하기로 결정했다. 그러나 실제로는 예정보다 3개월여 늦어진 9월 26일 창간호를 찍어냈다 (한국일보사, 1984: 737).

일간스포츠는 창간사에서 스포츠 입국(立國)을 제창했다. '입국(立國)'이란 '국력을 길러 나라를 번성하게 함'이란 의미다. 즉 스포츠 장려와 국민체력 증진을 통해 스포츠 강국으로 가는 기틀을 마련하고 아울러 이를 바탕으로 국가가 번성하도록 하는데 신문이 역할을 하겠다는 다짐이기도 했다. 일간스포츠의 창간사는 일관되게 스포츠입국을 위한 방안을 제시했다.

    일간스포츠를 창간함에 즈음하여 우리는 스포츠 입국을 제창한다. 바야흐로 민족의 중흥, 국가의 현해적 발전을 기약하는 국민의 역사적 외침이 드높은 이때에 모든 국민의 생동하는 힘의 원천을 우리들 인간이 가진 오직 하나의 기틀인 체력의 다양한 발전 속에 깊이 파고들어 감으로써 모든 과학·예술·사상 분야의 활동에 더욱 큰 힘의 작용을 가져오게 될 것이다. … (중략) 이런 것을 생각할 때 모든 분야의 각종 운동경기를 통하여 청소년들을 주력으로 하는 스포츠의 장려·지도라고 하면, 한 나라의 국력 총체의 축적과 그 방향을 말하는 것이 된다. 지금 와서 우리가 스포츠 입국을 외치는 것은 오히려 때가 늦은 느낌이 없지 않다.(중략) 스포츠 입국의 기본 체제의 확립을 위해서는 학원 스포츠의 정돈·강화가 첫 길일 것이다. 학원 스포츠의 강화는 중고등학교나 대학 등의 일부 선수단 양성 같은 것에 치우칠 것이 아니고, 스포츠의 선택이 곧 학과목의 선택이나 마찬가지로 훈육의 필연적 과정이 되게 하여야 할 것이다. … (중략) 스포츠 입국을 위해서는 국가 시책의 강화가 절대 긴요하고 그 효과를 위해서는 국민적 공감을 불러일으킬 수 있어야 할 것이다. 우선 스포츠의 보급과 발전을 위한 국가적 시책의 당면한 문제로는 그 시설이 문제일 것이다. 근래에 도시가 날로 팽창하고 있는데, 도시 인구의 휴식이나 레크리에이션을 위한 장소를 도시 계획에서는 어떻게 다루고 있느냐 하는 것이 문제 되지 않을 수 없을 것이다. 공원이요, 동시에 운동장이 될 수 있는 광장의 시설이 마을의 도서관이나 다름없이 절대 긴요한 것이다. … (중략) 오늘의 세계를 돌아보면 스포츠맨십은 정치인이나 경제인이나 사회운동자냐를 물을 것 없이 누구나

지녀야 할 지도자의 품위의 전부인 것 같이 되어있음을 볼 수 있다. 우리 나라의 스포츠 입국을 위해서도 모든 분야의 지도자들이 스포츠맨십을 몸에 지니고 사회활동에 그 본보기가 될 수 있어야 할 것이다(일간스포츠, 1969. 09.26).

창간사의 주제인 '스포츠 입국'은 글 전체를 관통하는 핵심어로 거듭 강조되고 있고, 이어 스포츠 입국 실현을 위한 방안과 제언까지 구체적으로 제시되고 있다. 청소년들에게 스포츠를 장려하고 지도하는 것은 한 나라의 국력을 축적하고, 미래를 향한 길이며 스포츠입국의 대의명제는 시급히 실천해 가야할 정책임을 강조했다. 스포츠입국의 기본체제 확립을 위해 우선 학원 스포츠의 정돈 및 강화가 첫 걸음이라고 제시했고 국가정책의 강화와 이에 대한 국민적 공감이 이뤄져야 효과를 낼 것이라고 했다. 또한 스포츠 보급과 발전을 위한 국가정책의 당면과제는 스포츠시설의 보급이라고 강조했다. 스포츠의 대중화에는 운동시설의 보급이 필연적으로 따라야 하며, 이를 위해 국가가 예산을 확보하고 투자해야 한다는 정책방향을 제시한 것이다. 공원과 운동장의 운동시설이 마을의 도서관이나 마찬가지로 갖춰져야 한다는 주장은 스포츠시설이 전국 방방곡곡에 마련돼 온 국민이 운동을 통해 건강한 삶을 누릴 수 있도록 하자는 국민생활체육 개념의'스포츠 대중화'를 담고 있다. 또한 스포츠 입국을 위해서 정치, 경제, 사회 모든 분야의 지도자들이 스포츠맨 정신을 체화해 모범이 돼야 한다는 사회적 책임감을 이야기했다. 사회 지도자들이 스포츠맨

그림 5. 일간스포츠 창간호. 1969년 9월 26일
자료출처: 국립중앙도서관

정신을 가져야 한다는 주장은 앞서 1963년에 나온 일간스포츠신문의 창간사에도 등장했다. 일간스포츠신문은 스포츠뿐만 아니라 정치, 경제, 사회 전반의 분야에서 페어플레이 정신을 펼쳐야 함을 강조했다. 혼란과 질서가 공존했던 국가재건 초기에 무엇보다도 필요했던 정신이 바로 공명정대한 스포츠맨십이었음을 유추해볼 수 있는 대목이다.

일간스포츠 창간일인 1969년 9월26일은 나흘간 이어진 추석연휴의 이틀째 금요일이었다. 창간호는 1면에 창간사와 장기영 사장의 인사말, 스포츠 소식과 더불어 하단에 대한체육회와 대한올림픽위원회가 함께 낸 축하광고를 실었다. 2면에는 민관식 대한체육회장의 축사, 실업야구 리그 결산기사가 실렸고 3면에는 연예인들의 방송 출연료를 흥미롭게 다룬 읽을거리 기사가 올랐다. 4면에 추석맞이 극장가 소개와 연휴 기간의 TV프로그램, 라디오 프로그램 안내표가 게재됐다.

창간호 지면의 구성은 1963년 나온 일간스포츠신문과 비슷해 보이지만 내용면에서 성격은 매우 달랐다. 바로 정부의 색깔이 있느냐 없느냐의 차이였다. 앞선 일간스포츠신문은 1면에 박정희 대통령 권한대행이 보낸 축사와 사진, 그리고 붓글씨로 쓴 휘호가 있었고 하단의 축하광고도 공보부 장관과 차관 명의의 정부 광고였다. 반면 일간스포츠 창간호에는 정부와 관련된 아무런 흔적이 없다. 1면 아래쪽에 실린 축하광고도 체육계를 대표해 민간단체인 대한체육회와 대한올림픽위원회가 함께 협찬했다.

일간스포츠의 편집국 구성은 체육부, 편집부, 연예부, 교정부의 4개 부서로 단출했다. 연예부는 대중문화를 다루는 부서로 국내 일간신문 편집국에 처음으로 설치된 취재 부서였다. 일간스포츠는 처음부터 평균 2만부를 발행했으나 창간호는 특별히 5만부를 인쇄했다. 당시 신문 1부는 10원, 한 달 정기구독료 150원이었다. 종합일간지인 한국일보의 월정구독료가 9월부터 180원에서 220원으로 인상되는 시점이었다(김경호·하웅용, 2017: 1-17).

1961년 12월 서울경제신문이 마지막 면을 스포츠 면으로 할애해 일간스포츠 창간을 준비하던 시기부터 체육기자로 경력을 쌓은 오도광은 관훈저널에 실린 회고를 통해 당시 분위기를 설명했다.

장기영 사장은 1969년 드디어 결단을 내렸다. 서울경제신문 지면을 서울 경제 편집국으로 완전 환원시키고 스포츠 전문지 발행을 지시한 것이다. 스포츠 전문지의 제호는 일간스포츠로 정해졌고, 창간준비 실무 작업의 임무는 한국일보 체육부에 주어져 이용일 편집부국장 겸 체육부장이

창간작업을 총지휘했다. 한 달여의 준비작업 끝에 일간스포츠는 1969년
9월 27일 첫 호를 내고 창간했다. 일간스포츠는 편집국 체제만 갖추었고
공무국, 영업국, 광고국, 기타 지원부서는 한국일보에 전적으로 의존했으
며, 편집국도 한국일보 편집국 사무실의 한 귀퉁이에 자리 잡았다. 창간 준
비 작업을 지휘한 이용일 한국일보 편집부국장 겸 체육부장이 일간스포츠
의 초대 편집국장에 임명되었고 조동표 체육부 차장이 체육부장에 승진하
여 일간스포츠와 한국일보 체육 면 제작을 총괄했으며 나는 체육부 차장
으로 임명되었다. 일간스포츠와 한국일보 양쪽의 통합 체육부로 운영되던
체육부는 얼마 뒤 분리되어 조동표 부장이 일간스포츠 편집부국장 겸 체
육부장으로 승진하고 내가 한국일보 체육부장에 올랐으나 한국일보 체육
부는 부장 밑에 기자 1명만 배치되었고 실제로는 통합운영이나 다름없었
다. 연예부 기자는 외부 주간지에서 스카우트했고 레저부 기자는 한국일
보의 잉여인력을 재활용, 배치했다(오도광, 2011: 104-133).

오도광은 관훈저널 기고에 일간스포츠의 창간시기를 1967년이라고
적었으나 이는 1969년의 잘못이며, 단순한 착오로 인한 오기임이 확실
해 1969년으로 수정해 인용했다. 서울경제신문 스포츠 면을 만들던 한
국일보 체육부 인력은 그대로 일간스포츠 스포츠 면을 만드는데 투입됐
다. 서울경제신문의 스포츠 면은 이때부터 원래의 경제신문 몫으로 환
원됐고, 일간스포츠가 스포츠 정보를 싣는 새 통로가 됐다. 편집국은 한
국일보로부터 독립돼 있었으나 같은 층의 사무실 한 쪽을 빌려 쓰는 더
부살이를 벗어나지 못했다. 일간스포츠 체육부가 따로 분리된 시기 이후

에도 한국일보 체육부와는 사실상 통합체제로 운영됐다(오도광, 2011: 104-133).

연예부를 강화하기 위해 당시 외부의 주간지 기자를 스카우트 했다는 기록도 눈에 띈다. 이때까지 매우 강세를 보이던 주간지 연예담당 기자들이 일간지에 합류했다는 사실이다. 이는 스스로 일간스포츠의 지면이 스포츠에만 집중하는 게 아니라 영화, 가요, 방송 등 연예계 소식의 비중을 키워 본격적으로 대중지로서 몸집을 키우겠다는 의지의 표시이기도 했다. 오락거리와 연예면 강화는 스포츠가 겨울철 비시즌에 접어들며 활동이 적어들 시점의 독자 확보 방안에 큰 몫을 했다.

일간스포츠는 창간 직후부터 순풍에 돛단 듯 순항했다. 대한민국은 경제적으로 빠르게 성장하고 있었다. 국민들의 스포츠와 레저, 대중문화에 대한 관심이 커졌고 통기타와 청바지, 생맥주로 대변되는 청년문화가 발전하면서 신문의 발전과 궤를 같이 했다. 일간스포츠는 1971년 8월부터 골프, 경마, 볼링, 관광, 낚시, 등산, 바둑 등 기존 종합지가 깊이 다루지 못했던 분야를 새로운 영역으로 개척하기 시작했다. 이때 신설된 레저부 역시 국내 일간신문 편집국에 처음 설치된 취재 부서였다.

성인만화의 연재는 결정적인 시도였다. 신문에 만화를 연재한다는 사실에 내부적으로도 거부감에 따른 반대의견이 많았지만, 스포츠지는 대중적이어야 한다는 제작방침을 따라 1972년 국내 신문사상 처음으로 성인용 만화인 고우영의 임꺽정(당시 제목은 林巨正)을 연재하기 시작했는데, 이는 일간스포츠가 폭발적인 인기와 더불어 괄목할 만한 성장을 하게 되는 획기적인 사건이었다(한국일보사, 1994: 756-757).

1973년 일간스포츠는 광고국과 영업부를 한국일보에서 독립시켜 독자적으로 영업 업무를 처리해야 할 만큼 성장했다. 1974년 4월부터 매일 8면을 발행했고, 1974년 10월부터는 최인호의 소설 '바보들의 행진'도 연재돼 일간스포츠의 인기를 더했다(한국일보사, 1994; 756).

발행부수의 증가는 일간스포츠의 성장을 가늠할 수 있는 객관적인 척도다. 일간스포츠는 발행초기에 스포츠 행사가 뜸한 겨울철엔 덜 팔리고, 시즌이 되면 잘 팔리는 양상을 띠었으나 1973년 이후로는 고정 독자가 늘면서 계절을 타지 않았다. 1971년에 4만부를 찍던 신문은 1972년 8월에 7만부, 1973년에 10만부를 넘어섰다. 대중의 관심도가 큰 스포츠 이벤트가 있을 때에는 발행부수가 더 많이 늘어났는데 1974년 서독 월드컵 축구 예선이 서울에서 열린 1973년 5월16일을 전후해 19만부, 그해 8월 봉황대기 전국고교야구를 계기로 20만부, 11월 월드컵 축구예선 한국-호주 전을 맞아 23만부를 넘어섰다. 매년 20만부 가까이 발행부수를 늘릴 정도로 급성장한 일간스포츠는 1976년 몬트리올 올림픽에서 양정모가 한국의 올림픽 사상 첫 금메달을 땄을 때 80만부를 돌파하는 기록을 세웠다(한국일보사, 1984: 739).

1980년 문화부를 신설해 문학, 공연, 연극, 미술을 전문적으로 다루기 시작했고 1981년부터는 일반 종합지와 똑같은 12면 체제를 구축했다. 1981년 9월 88서울올림픽 및 11월 86아시안게임 유치확정에 이어 1982년 프로야구 출범, 1983년 프로축구와 민속씨름 출범 등 프로스포츠가 본격화 했다. 일간스포츠는 이런 변화에 발맞춰 스포츠 전문기자를 따로 뽑고, 야구와 축구를 중심으로 체육부를 1, 2부로 나눴으며 레저부도 2개 부서로 늘려 외연을 확장해갔다(한국일보사, 1984: 739).

　신설된 문화부는 문학, 공연, 연극, 미술, 클래식 음악 등을 전담하는 부서였다. 일간스포츠는 창간 때부터 영화, 가요 등 대중문화를 취재·보도하는 연예부를 두었고, 1980년에는 대중문화의 상대 개념으로 소위 고급문화를 취재하는 문화부를 추가해 보도 영역을 확장했다. 일간스포츠는 신인작가들의 등용문인 신춘문예를 한국일보와 별도로 주최해 대중문학 발전에도 기여했다. 레저부는 등산, 낚시, 여행 등을 전문적으로 다루는 레저부와 쇼핑, 유통, 호텔, 음식, 생활 경제 등 주로 여성독자들의 관심사를 다루는 생활사회부로 분화했다. 일반 종합지와 똑같이 12면 발행체제를 갖춘 일간스포츠는 정치, 경제, 사회 등을 제외하고 일반 대중의 삶과 밀접한 분야를 폭넓게 전하는 종합 대중지의 기틀을 다졌다.

2. 일간스포츠의 성공

　최초의 스포츠 전문지 일간스포츠 신문은 정부가 전폭적인 지원을 펼쳤음에도 창간된 지 1년여 만에 경제신문으로 탈바꿈했다. 그러나 그로부터 5년 뒤 한국일보사가 발행한 일간스포츠는 처음부터 순풍에 돛을 단 듯 초고속으로 성장해 1970년대 젊은이 문화를 대변하는 스포츠 및 대중문화 신문으로 성공했다.

불과 6년 사이로 태어난 같은 성격의 두 신문이 전혀 다른 길을 걷게 된 이유는 무엇일까. 두 신문의 운명을 가른 차이점은 회사규모 및 경영진의 능력, 신문의 내용 구성, 사회 경제적 환경, 체육계의 성장 등에서 복합적으로 찾을 수 있다.

첫째, 경영측면에서 대조적인 차이가 있었다. 1963년 나온 일간스포츠신문은 주간지인 일요신문이 만든 것이고, 1969년의 일간스포츠는 당시 최고 언론기업 중 하나인 한국일보사가 만든 신문이다. 일요신문이 발행한 일간스포츠신문은 의욕적으로 출발했으나 창간된 지 불과 한 달 만에 기자들의 봉급을 제 때 주지 못할 정도로 재정적 뒷받침이 되지 못했다. 반면 일간스포츠는 창업자 장기영의 열정과 의지, 서울경제신문 스포츠면 을 통한 8년여의 치밀한 준비기간과 더불어 한국일보의 탄탄한 보급망, 판매망이 뒷받침이 됐다. 신문 제작 및 보급 체계도 달랐다. 일요신문이 만든 일간스포츠신문은 석간이었고, 한국일보사의 일간스포츠는 조간이었다. 석간신문은 낮 시간에 가정에 배달되기 때문에 그날 오후와 밤에 일어난 스포츠 경기 결과를 하루 뒤에 전달해야 한다. 그러나 조간신문은 전날의 결과를 빠짐없이 독자들에게 전할 수 있는 장점을 갖고 있다. 이처럼 두 신문은 모기업의 규모, 경영진의 스포츠전문지 창간에 대한 열정과 철학, 치밀한 준비과정, 배달체계의 차이 등이 분명했다.

둘째, 충실하고 심도 깊은 스포츠·연예 기사에 만화, 청춘소설과 같은 다양한 연재물이 더해지면서 볼거리, 읽을거리가 풍부해졌다. 1963년 8월15일 창간한 일간스포츠신문은 출범하기 직전인 7, 8월에야 기자를 스카우트 하거나 공개 채용해 준비기간이 길지 않았다. 이와 달리 후발 일간스포츠는 1961년 12월부터 서울경제신문의 한 페이지를 스포츠면으로 쓰기 위해 인력을 충원하고, 외부에서 스카우트 했다. 그 인력을 중심으로 국내외 대회 취재 및 취재원과의 교류 등을 통해 축적한 경험을 바탕으로 질 좋은 기사를 생산할 수 있었다. 연예 면을 특화하기 위해서는 외부에서 기자를 충원하기도 했다.

1983년 한국일보에 입사해 일간스포츠의 사실상 1기로서 평생 스포츠전문기자로 헌신한 홍윤표는 "당시 유일한 스포츠신문 일간스포츠가 체육단체에 미치는 영향력은 막강했다. 어떤 종합일간지 보다 체육계에 미치는 영향이 셌고, 그 단체들도 일간스포츠에 기사가 실리길 바랐다"며 "그 바탕에는 양삼, 천일평, 이종남, 이홍열, 정동길 등 전문성과 대단한 필력을 갖춘 기자들로 구성된 취재진의 힘이 컸다"고 말했다(홍윤표 면담, 2018.10.30). 일간스포츠는 또한 1972년 성인용 만화인 고우영의 임꺽정을 연재하기 시작했고, 1974년에는 최인호의 소설 '바보들의 행진'을 새로운 연재물로 실었다. 재미와 신선함을 찾는 독자들의 욕구에 새로운 콘텐츠로 부응한 것인데 만화 연재는 일간스포츠신문이 폭발적으로 성장하는 결정적인 선택이 됐다.

성인만화, 소설, 컬럼 등의 연재는 일간스포츠가 고정 독자를 확보해 계절을 타지 않고 정착하는데 크게 기여했다. 1972년 연재를 시작한 고우영의 '임꺽정'에 이어 최일봉의 '괴력주유천하' 강철수의 '청년만세' 등 성인

만화가 이어졌다. 그러나 역시 독보적인 위치를 차지한 고우영의 위트 넘
치는 대사와 그림이 최고의 인기를 끌었고 1974년 11월부터 '일지매', '삼
국지', '서유기', '열국지', '초한지' 등으로 이어지며 일간스포츠의 성장과
함께 했다(한국일보사, 1984: 738).

고우영의 만화가 큰 인기를 얻자 다른 작가들의 만화도 같이 오르기
시작했다. 강철수, 최일봉 등의 만화가들이 새로운 연재물을 올리며 가
세하면서 일간스포츠의 오락성은 더욱 강해졌다. 여기서 주목할 점은 일
간스포츠가 국내 성인만화 발전의 기틀을 마련하는 중요한 역할을 했다
는 사실이다. 이전까지 신문만화라면 4커트짜리 코믹물이나 한 커트짜
리 만평이 전부였다. 고우영의 임꺽정은 소설을 만화로 재구성하는 만
화소설이었으며, 연재 시작부터 폭발적인 인기를 끌었다. 고우영 극화의
성공은 이후 강철수, 이현세 등 국내 최고 만화작가들의 연재로 이어졌
다. 스포츠서울, 스포츠조선 등 후발주자들도 일간스포츠와 경쟁하기 위
해 인기 만화작가 스카우트전을 벌이면서 성인 만화계는 더욱 발전했다
(김경호·하웅용, 2017: 1-17).

1990년대 언론노동조합 한국일보사 일간스포츠 분회의 초대 분회장
을 맡았던 홍윤표는 "스포츠신문들의 경쟁과정에서 지나친 선정주의가
문제가 되긴 했지만, 일간스포츠가 국내 만화 발전의 기폭제가 됐다는
의미는 매우 크다"고 말했다(홍윤표 전화면담, 2017. 05.20).

만화, 청춘소설 연재는 일간 신문인 일간스포츠가 스포츠, 연예, 사회

부문의 기사뿐만 아니라 다양한 장르의 오락물을 직접 제공한 것으로써 본격적으로 대중지의 길로 들어섰다는 사실을 의미한다. 이때부터 만화 는 스포츠신문에서 없어서는 안 되는 필수요소가 됐다. 스포츠신문은 만 화가들의 다양한 실험장이자 경연장이었고, 신인 작가들의 데뷔 무대가 되기도 하는 등 국내 성인만화 발전에 크게 기여했다. 스포츠신문 만화 는 스포츠신문들이 경쟁 속에서 만들어낸 가장 현저한 대중문화로 평가 받았다(주진숙, 1991: 48-53).

셋째, 체육계의 발전 또한 스포츠신문의 성패에 큰 영향을 미쳤다. 선 발 일간스포츠신문이 창간된 1963년 이후 1년 동안 한국 스포츠계는 이 렇다 할 성과를 올리지 못했다. 제5회 아시아 야구선수권대회 우승이 이 기간에 이룬 가장 큰 성과였다. 한국스포츠의 전반적인 수준은 아시아 정상을 향해 성장하고 있었지만 세계정상에 오를 만큼은 아니었다. 체육 계에서 괄목할 만한 뉴스거리가 없으니 상보와 다양한 분석 기사를 낼 여력이 없었고 독자들의 관심을 끌기도 힘들었다. 그러나 후발 일간스포 츠가 나온 이후 1970년대부터 한국스포츠는 용틀임하기 시작했고 스포 츠신문에도 풍성한 취재거리가 생겼다.

넷째, 정치·사회적 배경과 경제적 환경도 매우 대조적이었다. 선발 일 간스포츠신문은 당시 군부 쿠데타로 정권을 잡은 정부의 적극적인 지원 아래 창간됐다. 사회적으로 아직 스포츠신문이 독자적으로 성장하기 어 려운 환경이었지만 정권의 지원 아래 의욕적으로 출발할 수 있었고, 핵 심 권력자의 이름을 딴 국제 농구대회를 펼치는 등 스포츠 신문에 어울리는 각종 사업을 펼칠 수 있었다. 후발지 일간스포츠는 그렇지 못했다. 일간스포츠 창간호 지면에선 정부 지원의 흔적을 찾을 수 없었고 신문의 성패는 오로지 회사와 경영진의 능력, 판매 및 광고 유치 등 사회·경제 적 여건에 달려 있었다. 반면 일간스포츠가 창간된 1969년은 한국이 고 속성장의 기지개를 켜던 시기다. 1963년 325만 명이던 서울인구는 1969 년 477만 명으로 152만 명이나 늘었다. 나라 전체인구도 2726만 명에서 3154만 명으로 428만 명 증가했고 2015년을 기준으로 한 1인당 실질 국 민총소득(GNI)도 145만원에서 234만원으로 성장했다(통계청 자료).

한국일보사도 자체분석을 통해 부수의 증가에 따른 광고수익 증대, 즉 경제적 환경 변화를 일간스포츠 성공요인 중 하나로 짚었다.

> 1969년 창간 후 1972년 초창기까지는 한국일보 광고국에서 기타 자매 지와 함께 광고 업무를 관장했기 때문에 광고 게재 량도 미미했고 매년 답 보상태였다. 그러나 1973년 4월 자매지 광고국에 이어 5월 일간스포츠 광 고국이 별도로 탄생하면서 인원보강, 조직 강화로 도약을 위한 기반을 다 지기 시작했다. 1978년 8월에 8면으로 증면되면서 직원 정예화와 광고 확 장을 위한 자료 및 서식의 체계화 등 내부 조직이 정상궤도에 진입됐으며, 외적으로 경제의 과도성장으로 스포츠 및 레저에 대한 붐이 일기 시작했 다. 발행부수의 급성장에 편승, 광고도 상승작용을 일으켜 1978년까지 매 년 평균 78.5%의 성장을 보였다. (중략) 1981년 신문의 12면 시대가 시작되 면서 정치와 경제가 안정과 호황을 향해 안간힘을 썼으며 1988 서울올림 픽, 아시안게임 등 국제적 행사 유치와 여행 자유화, 통금해제, 중고생 복

장 자유화 등 사회적 규제의 대폭완화와 개방경제 표방에 따라 종전까지
와는 차원이 다른 외형적 수치와 내적으로 새로운 광고요금 제도의 도입
등으로 실질적인 성장을 이룩했다(한국일보사, 1984: 737-742).

일간스포츠 광고국이 별도로 독립하고, 인원이 보강되면서 실질적
으로 광고수익이 증대가 이뤄지기 시작했다. 1974년 광고국 독립 이후
1978년까지 매년 평균 78.5%의 폭발적인 성장세를 보인 것이다. 아울러
올림픽 및 아시안게임 등 국제스포츠 행사 유치, 여행자유화, 통행금지
해제, 중고생 복장 자유화 등 사회적 변화도 함께 꼽았다.

1974년 4월부터 일간스포츠가 매일 8면에 10만부 이상을 찍어낼 정
도로 인기를 끌자 1948년 창간돼 당시 최고의 권위를 지키던 월간 경제
지 '재정(財政)'은 '왜 일간스포츠는 잘 팔리는가'라는 주제의 특집 대담을
마련했다. 그럴 만큼 특수지 일간스포츠의 대중적 인기는 사회적인 이슈
가 되기에 충분했다. 박동현 덕성여대 교수와 조동표 일간스포츠 부국장
이 나눈 대담은 1970년대 초반 스포츠전문 대중오락지가 빠르게 정착하
고 성장하게 된 분위기를 전해주는 자료다(김경호·하웅용, 2017: 1-17).

청년문화의 대변지란 말이 원래 정상이겠지요. 청년문화란 게 청바지
통기타가 나오게 된 근본 원인은 어디에 있느냐면 너무나 정치에 몸서리
가 나서 그런데 보다 너무 고민하지 않고 생각지 않고, 너무 처량하지 않고
가볍게 신경을 풀 수 있는 것을 바라고 있는 지금 젊은 세대의 99.9%가 고
독한 위치에 있습니다. 그 고독한 위치에 있는 젊은 세대의 고독한 근지러

움을 풀어줄 수 있는 건 이 스포츠입니다. 그리고 섹스라든지, 가볍게 엔조이할 수 있는 이것이 젊은 세대에 어필할 수 있으며 쉽게 말하자면 때를 탔다고 봅니다. 스포츠 신문이 옛날에 일요신문에서 처음 발간했는데, 스포츠 전문 신문으론 실패했습니다. 일반 대중들의 스포츠를 찾을만한 시기를 타지 못했기 때문입니다. 일간스포츠는 시기를 잘 찾은 겁니다. 요즘 젊은 세대가 찾는 것이 사이언스, 스포츠, 섹스, 여기에 조화가 생겨야 매력이 생기는 겁니다. 일간스포츠가 여기에 꼭 알맞게끔 조화가 생긴 겁니다. 부담 없이 볼 수 있는 신문내용, 지식이 되기 때문이고 또 어렵고 복잡한 것보다 가볍게 얻을 수 있는 지식, 세계의 토픽이라든가, 컬럼 같은 것이 양념으로 들어간 것 등 가벼운 것에 매력을 느낀다고 할까요(월간 재정, 1979: 38-47).

물리학자인 박 교수는 여행가와 화가로도 활동했고, 당시 일간스포츠에 젊은이를 상대로 하는 고정칼럼을 연재하는 등 신문 방송에서 인지도를 높이고 있었다. 박 교수는 일간스포츠의 성공요인 중 하나로 "적절한 시기를 탔다"고 진단했다. 한국식 청년문화[03]가 피어나는 때에 그에 부합

---

03 1970년대 초 대학생들을 중심으로 한 젊은 세대는 기성세대와는 여러모로 다른 사고방식과 감수성을 가지고 있었다. 그들은 기성세대와 달리 해방 후 미국식 교육체계에서 교육을 받았고, 서구문화의 영향권에서 성장했다. 이들은 1960년대부터 미국과 유럽을 휩쓴 히피문화의 영향을 받아 장발과 청바지, 생맥주를 즐겼다. 이들은 당시의 구미의 청년들이 열광했던 포크음악과 록음악을 선호했는데, 이의 영향으로 한국 대중음악에도 통기타 가요와 록음악이 선풍을 일으켰다. 특히 포크송이라 불린 통기타 가요는 1970년대 초반의 이런 젊은 층의 문화에 대해 당시 언론들은 구미의 청년문화에서 이름을 빌어 한국식 청년문화라 불렀다(김창남, 2010).

하는 내용을 담은 신문이 생겨 젊은이들의 대변지가 되었기 때문이라는 것이다. 정치 문제와 같은 딱딱하고 무거운 주제에 싫증을 내는 젊은이들이 가볍게 보고 즐길 수 있는 거리인 스포츠, 섹스 등을 다루는 대중매체가 때맞춰 탄생했다는 분석이다(김경호·하웅용, 2017: 1-17).

박동현 교수가 지적한대로 일간스포츠는 시기를 잘 타고 탄생했다. 1970년대로 들어서면서 빠른 경제성장으로 각종 경기지표가 상승하고 광고시장의 확대와 신문의 수익증대로 이어졌다. 딱딱하고 재미없는 정치, 경제 뉴스를 떠나 스포츠, 대중문화 등 가벼운 흥밋거리를 찾던 독자들의 욕구에 부응했다. 경제발전과 더불어 스포츠계에서도 성과가 이어지면서 일간스포츠는 자연스럽게 대중의 사랑을 받는 영향력 있는 신문으로 자리 잡았다.

한국일보 체육기자 출신 오도광도 박동현 교수와 같은 의견을 회고록에 남겼다. 선발 일간스포츠신문에 비해 후발지인 일간스포츠가 성공할 수 있었던 이유는 광고수주와 보급망 구축 등에서 한국일보의 기존조직과 노하우를 활용할 수 있었기 때문이라고 할 수 있지만 스포츠 전문지가 정착할 수 있는 사회적 여건성숙을 기다려 창간시기를 택한 것도 성공의 중요한 원인이었다고 했다. 결국 신중하게 여건이 성숙되길 기다리며 실력을 키우다가 창간 시기를 절묘하게 선택한 장기영 사장의 혜안이 후발 일간스포츠를 성공으로 이끌었다고 평가했다(오도광, 2011: 104-133).

스포츠기자 조동표는 신문의 성공 요인 중 하나를 스포츠 저널리즘 분야에서 찾고자 했다. 스포츠가 일간종합지에서는 비중을 차지하지 못하고 푸대접을 받았지만 사회가 발전하면서 스포츠 소식과 전문지식, 뒷이야기 등을 궁금해 하는 독자가 늘어나 그 요구에 부합했기 때문이라고 진단했다(김경호·하웅용, 2017: 1-17).

> 제가 체육기자 출신입니다. 1955년 한국일보 체육부 기자로 입사했는데, 그 무렵 스포츠 기사는 신문 제작에서 어떤 비중을 차지했냐고 할 것 같으면 비애를 느낄 정도였습니다. 사회면 한쪽 귀퉁이에 상자 정도의 조그마한 분량만 주었습니다. 1955년이면 6.25 동란이 끝나고 사회 부흥과 혼란, 정치적으로 복잡할 때라서 스포츠는 자연히 무시당한 경향이 있습니다. 그러나 국민경제가 늘어나고 사회상도 안정되니 자연스럽게 스리엑스라든가, 그런 것을 추구하는 경향이 있는 게 당연합니다. 그러나 일반 종합지의 제작경향은 여전히 스포츠에 대해 냉담하고, 푸대접을 했습니다. 하지만 스포츠를 좋아하는 팬들은 다르지요, 예를 들어 경기가 있었다, 스포츠 평이 신문에 실렸다, 일반 종합지 보다 스포츠 신문이 여러 가지 경기의 기록도 나오고, 전문적으로 기사를 취급했다, 일반인들이 납득이 갈 수 있는 평이 나올 거다라는 기대와 더불어 여기에 대한 뒷얘기와 궁금 풀이가 일간스포츠가 나오게 된 것이고, 또 어필하게 된 이유가 아니겠느냐, 이렇게 생각됩니다.… (중략) 또 연재만화도 잘 팔리는 요소가 되었지요. 이 연재만화가 한국 신문에서 큰 스페이스를 차지한 적이 없었는데 그것은 큰 결단이었고, 성공이었습니다(월간 재정, 1979: 38-47).

1950년대는 대한민국이 전쟁을 막 끝내고 재기를 위해 안간힘을 쓰던 시기이다. 자연스럽게 정부와 국민의 관심은 우선 먹고 사는, 즉 생존에 관한 것, 경제 발전이 먼저였고 정치 경제 사회 분야의 안정에 관한 뉴스가 우선이었다. 당시에 스포츠 이야기는 한가하게 들렸을 일이다. 지면이 한정된 일반 종합지에서 뉴스 비중이 떨어지는 스포츠는 신문의 한 귀퉁이에 셋방살이를 할 수밖에 없었다. 경제적 여건이 조금 향상되고 난 이후에도 여건은 마찬가지였다. 그러나 각종 스포츠분야에 대한 팬들의 관심은 지속적으로 증가했고, 그런 갈증을 스포츠전문지가 등장해 자세한 정보와 전문적인 분석 등을 곁들여 풀어주게 되었다는 해석이다.

국내유일의 스포츠신문이었기에 일간스포츠가 한국체육계에서 차지한 위치와 체육계에 미친 영향은 매우 컸다. 1969년 일간스포츠 창간 당시 한국일보 체육부 차장이던 이태영은 "일간스포츠가 체육인들에게 경기기록이 중요하다는 것을 일깨워 주었고, 겨울에 경기가 없을 때면 대한체육회와 함께 캠페인을 펼치거나 시리즈 기사를 실어 체육인들에게 교훈과 자극을 주었다"며 "그때의 일간스포츠는 청소년에겐 교과서와 다름없는 역할을 했다. 일간스포츠 기자가 되기 위해 젊은이들이 공부했다는 말이 있을 정도였다. 그럴 만큼 일간스포츠기자의 자부심은 최고였다(이태영 면담, 2015.06.30)"고 말했다.

스포츠서울에서 스포츠 전문기자로 일하다 편집국장을 역임한 신명철은 "중학생 때 매일 읽던 신문이 일간스포츠였다. 신문이라기보다 교과서와 같은 느낌이었고, 스포츠를 이해하고 보는데 어마어마한 도움을 준 매우 고마운 매체였다. 스포츠세계에 입문하는 아이들, 미래의 스포츠팬을 이끌어주는 길잡이였고 나와 같은 경우는 문장력과 올바른 맞춤법 등을 일간스포츠를 통해 익혔다"고 밝혔다. 일간스포츠 보도를 통해 일반인들과 학생들이 스포츠에 대한 이해를 넓힐 수 있었고, 신문이 자연스럽게 스포츠팬의 저변을 넓히는데 기여했다는 말이다(신명철 면담, 2018.11.02).

스포츠전문 매체가 스포츠계 발전에 기여하는 바를 꼽자면 스포츠계 소식 전달, 유망주 발굴 및 육성 증진, 엘리트 선수들의 도전 의욕 및 성취감 고취, 체육관련 협회·단체 및 정부부처·기관에 대한 비판과 견제, 일반의 관심 유도를 통한 스포츠팬 증대, 스포츠와 관련된 건전한 여론 형성 등을 다양하게 들 수 있을 것이다.

일간스포츠는 이 같은 기능을 통해 한국 체육계와 더불어 호흡하고 스포츠팬 확대에 기여했으며, 성인만화 발전의 기폭제가 됐을 뿐 아니라 이후 탄생한 경쟁지들에게도 스포츠신문 지면의 모범답안을 제시했다. 순차적으로 창간된 스포츠서울, 스포츠조선, 스포츠투데이, 굿데이, 스포츠경향, 스포츠월드, 스포츠동아 등은 하나같이 일간스포츠를 제작방향의 기본 틀로 삼아 출발했다. 경쟁시대를 거치면서 스포츠계와 사회에 대한 일간스포츠의 영향력은 서서히 줄었지만 모든 스포츠신문의 모델이 되는 뼈대, 기본 플랫폼을 마련했다는 점에서 한국 스포츠 언론계에 기여한 공헌도는 매우 크다(김경호·하웅용, 2017: 1-17).

모험과도 같은 과감한 출범 이후 지속적으로 새로운 시도를 더하며

10년 만에 대중지의 모범답안을 만들어 놓은 일간스포츠의 성공을 보며 많은 신문사들이 스포츠신문 창간에 관심을 쏟기 시작하던 1980년 말, 신군부의 언론탄압이 시작됐다. 정권유지를 위해 서울과 지방의 많은 언론을 통폐합한 뒤 언론을 통제할 목적으로 제정한 언론기본법은 언론기관의 등록과 시설 기준을 정하고 문화공보부장관이 정기간행물의 등록을 취소하거나 발행을 정지시킬 수 있도록 하는 독소조항을 품고 있었다. 언론기관의 신규 등록은 억제돼 웬만해서는 새로운 매체가 탄생되기 어려웠다. 1985년 스포츠서울 창간을 주도하고 초대 편집국장을 맡은 이상우는 저서 '권력은 짧고 언론은 영원하다'에서 "당시 국내에서 스포츠신문은 일간스포츠가 유일했고, 인기상품으로 상당한 수입을 올리고 있었다. 이를 보고 스포츠신문을 황금알을 낳는 거위로 생각해 많은 신문사가 눈독을 들이고 있었다. 그러나 정부에서 허가를 내주지 않았다"고 밝혔다(이상우, 2010: 166).

공교롭게도 언론 통폐합은 일간스포츠의 독주기간을 5년 정도 연장하는 결과를 낳았다. 대대적인 언론 통폐합과 신규매체 창간을 억제하는 방향으로 언론을 통제한 제5공화국이 언론기본법을 제정한 초기에 유독 스포츠신문에만 창간을 허락해주기는 분위기상 쉽지 않았다.

3. 일간스포츠의 주요 보도

일간스포츠의 독주기(1969~1985)는 제3공화국이 활발하게 국가아마추어리즘을 내세워 엘리트 스포츠를 육성하고, 유신헌법 공표로 제4공화국이 출범한 1972년 이후 그 정책이 서서히 결실을 맺던 시기와 대부분 일치한다. 또한 제5공화국 출범, 1980년대 프로스포츠 태동이 이어졌다.

일간스포츠의 스포츠 지면은 그 자체로 한국 근대스포츠사의 한 페이지이기도 했다. 1969년 11월 한국 남자농구 대표 팀이 태국 방콕에서 열린 아시아농구선수권대회(ABC)에서 우승한 것이 일간스포츠 창간 이후 가장 큰 국제대회 성과였다.

1973년 4월 유고슬라비아 사라예보에서 열린 세계탁구선수권대회에서 이에리사, 박미라, 정현숙이 일본, 중공(중국), 헝가리를 꺾고 5전 전승으로 우승한 것은 한국스포츠가 세계선수권 도전 사상 최초로 구기 종목에서 정상에 오른 쾌거였다. 일간스포츠는 이 소식을 1면 톱기사로 전하며 '온 국민 감격의 만세'라는 큰 제목과 '우리 여자탁구 세계왕좌에'라는 부제를 뽑았다. 아래에는 '탁구 한국시대 개막'이란 관련기사를 통해 한국탁구의 세계무대 도전사를 정리했다. 또한 왼쪽 상단에는 '루프와 톱·스핀'이란 제목의 기사를 통해 단식, 복식에서 모두 승리를 따낸 주역 이에리사의 기술을 상세히 분석했다.

박정희 대통령이 축전을 보냈다는 소식도 1면에 전해졌다. 박 대통령은 축전에서 "제32회 세계탁구선수권대회 여자단체전에서 우리선수들이 우승을 한 것을 온 국민과 함께 축하한다. 이 승리는 여러분들의 영광이

며 겨레의 자랑이고 또 우리 체육사에 찬란한 금자탑을 이룩해주는 것이
다. 그간 선전 분투하여 오늘의 승리를 가져오게 한 선수여러분들과 뒤
에서 아낌없는 지원을 해온 임원여러분의 노고를 치하한다"고 했다.

한국선수가 세계정상에 오른 것은 일제강점기인 1936년 손기정의 베
를린 마라톤 우승, 해방 이후 1966년 장창선의 세계레슬링선수권대회
남자 플라이급 우승에 이어 3번째이자 구기 사상 최초라는 소식을 전한
일간스포츠는 이 승리를 '온 국민의 기쁨'으로 승화했고, 박정희 대통령
은 '한국 체육사의 찬란한 금자탑'으로 칭찬했다. 전쟁을 끝낸 지 20년,
국민적으로는 경제발전을 위해 땀 흘리고, 국가 차원에서도 국제 사회에
서 조금씩 코리아의 존재감을 알려가던 시기에 거둔 탁구 세계선수권 우
승이야 말로 국가적·국민적 기쁨이자, 민족의 자긍심을 느끼게 할 쾌거
였던 셈이다.

그 때 그 시절, 큰 국제대회에서 우리 선수가 뛰어난 성적을 올리면 어
김없이 대통령의 축전 소식이 신문이나 방송의 한 부분을 차지했다. 대
통령이 축전을 보냈다는 사실에 덩달아 가슴 뿌듯해 하던 국민들, 요즘
엔 어색하기만 한 일이지만 당시는 모든 게 당연하게 받아들여지던 시절
이다.

1974년 7월 5일자 1~3면에 '홍수환 세계 정상에'라는 제목으로 실린
홍수환의 세계복싱협회(WBA) 밴텀급 타이틀 획득 소식 또한 전 국민을
흥분케 했다. 적지인 남아프리카공화국에서 홈 링의 아널드 테일러를 4
번이나 다운시키며 차지한 챔피언 타이틀은 1966년 김기수 이후 한국

그림 6. 일간스포츠 1976년 8월 2일
자료출처: 국회도서관

프로복싱 사상 두 번째 쾌거였다. 타이틀 획득 후 어머니와 홍수환이 국제전화로 나눈 대화, "엄마, 나 챔피언 먹었어", "오냐 장하다. 대한국민 만세다!"는 전 국민의 심금을 울렸고 한동안 유행어가 될 정도로 화제가 됐다. 정권의 시각에서는 국가가 요구하는 역할을 주먹 하나로 완벽하게 수행한 홍수환이 민족의 우수성을 증명하며, '철권'과 함께 한국 민족의 강인함을 증명하는 모범이었다(허진석, 2010: 94). 이처럼 한국 선수들의 쾌거에는 '세계 최고에 오른 한국, 한국민'과 '국민적, 국가적 기쁨'이 늘 강조됐고 '겨레의 자랑거리'를 일궈낸 체육인들에 대한 박정희 대통령의 축전이 어김없이 이어졌다.

조오련의 아시안게임 수영 2관왕(1974년), 유제두의 프로복싱 WBA 주니어 미들급 타이틀 획득(1975년)에 이어 양정모의 1976 몬트리올 올림픽 레슬링 금메달 쾌거는 한국체육사에 길이 남을 사건이었다. 일간스포츠는 1976년 8월 2일자 조간신문에 당시로는 파격적인 빨강색으로 제목을 뽑고 '양정모 태극기 아래서 첫 금메달'이라며 쾌거를 알렸다. 한국선수가 해방 이후 처음으로 코리아라는 국적 그대로 금메달을 딴 역사의 주

인공이 된 양정모는"이 영광을 모든 국민에게 전하고 싶다"고 소감을 말
했다.

양정모의 쾌거에는 당연히 대한민국 국민 최초의 올림픽 금메달이
강조됐다. 1936년 베를린 올림픽에서 손기정이 일장기를 달고 뛰어 마
라톤 금메달을 따낸 뒤 시상식에서 고개를 숙였던 아픔을 딛고 대한민
국 건국 이래 최초로 우리 선수가 태극기 아래 따낸 금메달은 국민들에
게 국가, 민족적 자긍심을 심어주기에 충분했다. 박정희 대통령의 축전
은 언제나 그렇듯 1면 왼쪽 상단의 잘 보이는 곳에 배치됐다. 박 대통령
은 "금번 우리 레슬링의 양정모 선수가 올림픽 레슬링 경기에서 세계의
강호들을 물리치고 당당 금메달의 영예를 차지한 것을 온 국민과 더불어
경하해 마지않는다"고 했다.

한국일보 체육부 소속으로 1976 몬트리올 올림픽 풀기자단에 파견돼
현지에서 직접 금메달 장면을 취재한 이태영은 당시 자칫하면 양정모의
금메달 쾌거 소식을 다음날 아침 조간신문에 송고하지 못할 뻔 했던 풀
기자단 내부의 뒷이야기를 상세히 들려주었다.

　　1968 멕시코시티 올림픽 이후 1972 뮌헨, 1976 몬트리올 올림픽까지 3
　　차례는 프레스 풀기자(인쇄매체 공동취재단) 제도를 운영했다. 우선 각사가 기
　　자를 많이 보낼 수 없었고, 소모적인 과열경쟁을 하지 말자는 취지였다. 각
　　신문사 기자들이 역할을 분담해 공동취재하고 기사는 서울의 신문협회로
　　송고해 나눠주는 방식을 취했다. 개별적으로 소속 회사에 전화를 걸어 취
　　재 내용을 불러주는 행위는 엄격히 금지됐다.

그런데 양정모가 금메달을 결정짓는 시간은 한국시간으로 8월 1일 일요일 오전이었다. 서울의 신문협회가 쉬는 날이었고, 석간신문도 일요일이라 신문을 찍지 않았다. 대부분이 석간신문 기자들인 공동취재단은 그날 하루를 쉬기로 약속했다. 어떤 일이 있더라도 다음날 석간 시간에 맞춰 기사를 보내자는 것이었다. 요즘엔 실시간으로 기사를 전송할 수 있지만 당시엔 그렇지 못했다.

공동취재단의 룰에 따르면 우리는 금메달이 결정난지 하루 뒤에나 신문협회로 송고가 가능했다. 금메달을 따면 방송이나 외신을 통해 소식이 전해지겠지만 그렇더라도 한국 풀기자단의 기사는 다음날 아침 조간에 실릴 수 없었다. 조간신문인 일간스포츠는 양정모의 금메달 소식을 전하더라도 외신에만 의존할 수밖에 없었다.

레슬링 담당이었던 나는 당시 풀기자단 단장이었던 동아일보 김광희 부장을 설득했다. 한국 최초의 올림픽 금메달이 나오는 현장의 기사를 우리가 여기서 생생하게 보내지 못하고, 다음날에야 송고한다면 우리 모두가 역사의 죄인이 되는 것이라고 말했다. 이건 두고두고 추궁 받을 일이라고 했다. 김광희 부장이 풀기자단 회의를 열었고 현장에서 곧바로 기사를 보내는 것으로 결론을 맺었다. 신문협회는 쉬는 날이라 누구도 출근하지 않았기 때문에 서울의 일간스포츠에서 대기하고 있던 김재설 기자에게 송고하고 일간스포츠가 이를 받아서 각사로 전달하기로 했다. 김재설 기자 또한 레슬링 담당으로 양정모와 관련된 내용을 잘 알고 있어서 일이 쉬웠다.

다음날 일간스포츠를 비롯한 조간신문에는 양정모의 쾌거가 1면에 대문짝만하게 실렸다. 특히 일간스포츠에는 더 많은 기사가 실렸다.(관련기사를 2, 3, 7면으로 이어갔다.) 나중에 풀 기자단의 한 신문사 기자는 일간스포츠만

좋은 일을 했다며 불만을 터뜨리기도 했다. 하지만 원래 계획대로 기사 송고를 안 하고 쉬었다면 너무나도 창피한 일이었을 것이다. 풀기자단이 역사의 현장을 외면하는 죄인이 될 수는 없었다(이태영 면담, 2018.11.01).

이태영은 1936년 베를린 올림픽 마라톤 금메달을 딴 손기정의 시상식 사진에서 일장기를 지운 '동아일보 일장기 말살사건'을 주도한 이길용 기자의 영식이다. 6·25 때 납북된 아버지의 대를 이어 스포츠 기자가 된 이태영은 "당시의 스포츠 기자들은 올림픽 취재를 하면서 역사의 현장에 있다는 의식을 가졌다"고 밝혔다. 국가경제가 어렵던 시절, 각 신문사에서 1명씩 보내 구성하는 풀기자단 소속 기자들은 국민을 대표해 파견되는 취재단이나 다름없다고 여겼다. 아울러 1960, 1970년대 활약했던 스포츠 기자들이 일본, 북한과의 경기에서 갖게 되는 독특한 정서를 밝혔다.

"전쟁을 치르고 눈으로 지켜본 것이 있기 때문에 북한과의 대결에서는 우리가 저들보다 나아야 한다는 생각을 갖고 스포츠기사에 반영하는 것은 당연했다. 북한과 남북체육회담을 진행하면서 이북 출신인 손기정, 김정현 씨 등 당대의 쟁쟁한 분들이 비분강개하던 모습은 잊을 수 없다. 스포츠기자들이 그런 정신을 갖고 기사를 쓰는 건 당연했다. 개인적으로는 부친이 1930년대 일제에 항거하고, 6·25때 납북된 가족사를 통해 물려받은 혼이라는 것을 어쩔 수 없었다"(이태영 면담, 2018.11.01).

그림 7. 일간스포츠 1982년 3월28일
자료출처: 국회도서관

1960 ~ 1980년대에 활동한 스포츠 기자들의 정서를 감안하면 엘리트 체육의 성과를 통한 국위선양, 민족적 자긍심 고취 등의 논조로 기사를 작성하는 것은 자연스러운 일이었다. 스포츠기사에 흐르는 내셔널리즘 정서는 한국 체육이 세계적인 수준으로 오른 요즘에도 대체로 빠지지 않고 등장하는 핵심 이데올로기이다.

1977년 9월 17일자 일간스포츠에는 고상돈을 비롯한 한국등반대가 사상 최초로 에베레스트에 오른 쾌거를 '에베레스트 정상에 드디어 태극기'라는 제목의 기사로 전했다. '한국 등봉사에 감격의 새 장', '최단기간 정복 세계신기록', '고상돈 대원 대망 성취' 등의 부제도 눈길을 끌었다. 에베레스트 등정은 한국일보사의 사업이기도 했기에 한국 등정대의 정상 정복은 더욱 흥분된 톤으로 '전 국민의 쾌거'로 포장돼 전달됐다.

1982년 3월 28일자 일간스포츠는 전날 서울 동대문야구장에서 열린 MBC청룡과 삼성 라이온즈의 프로야구 공식 개막전 소식을 전했다. 스포츠신문으로는 유일하게 한국야구가 프로로 재탄생하는 역사의 현장을 지킨 것이다.

1면에는 컬러사진으로 개막행사의 열기를 전하고 전두환 대통령의 시구장면과 함께 '황금방망이 불붙었다'는 붉은색 제목으로 프로야구의 시대가 열렸음을 알렸다. 프로 스포츠를 통해 국민의 이목을 정치에서 떼어놓으려던 전두환 대통령의 프로야구 원년 개막전 시구 사진은 상징적인 의미를 함축하고 있는 역사적인 장면이라고 할 수 있다. 1면 제목 중에서 '황금방망이'란 돈, 프로를 상징하는 표현이다. 3면에는 '이종도가 청룡을 살렸다'는 제목으로 끝내기 홈런을 쳐 MBC에 개막전 승리를 안긴 외야수 이종도를 영웅으로 소개했다. 일간스포츠는 프로야구 특집 열기를 이례적으로 컬러 사진으로 담아냈다. 아래의 광고 또한 컬러로 실렸다. 그러나 당시의 일간스포츠가 컬러 사진을 통해 보도한 것은 단발성으로 파격적인 일이었고, 이후 스포츠서울이 매일 컬러 지면을 발행하며 돌풍을 일으켰다.

이밖에도 1980년대의 고교야구 열기, 각종 프로스포츠의 출범, 전국을 뜨겁게 달구었던 1983년 멕시코 세계 청소년축구선수권대회 4강 신화, 1984년 로스앤젤레스 올림픽 선전 등이 일간스포츠 지면을 통해 독자와 호흡했다.

아울러 스포츠 외에 일간스포츠 지면에서 눈길을 끌만한 장면은 1972년부터 전국에 TV로 생중계되기 시작한 미스코리아 선발대회다. 한국일보사가 1957년부터 독점 사업으로 시작한 미스코리아 선발대회는 일간스포츠 창간 첫해인 1969년 대회부터 해마다 때가 되면 많은 지면을 할애하는 중요행사였다. 지덕체와 진선미를 겸비한 미녀를 뽑는다는 미스코리아 선발대회는 1990년대 이후 선발 과정에서의 부정과 여성의 상품화 논란 등으로 퇴색됐지만 초기에는 전 국민이 관심을 집중시킨 중요행사였다. 1950년대 말, 1960년대 초 미스코리아 선발자들의 카퍼레이드 행사를 보기 위해 광화문 거리에 수십만 명이 몰려나온 장면은 당시의 시대상을 엿볼 수 있는 단면이다.

미스 코리아 선발대회는 1990년대 초 선발 과정에서의 금품수수 및 주최 측의 개입 등 비위가 발생하고 여성의 상품화, 성 평등에 대한 역행 논란이 빚어지면서 축소됐다. 하지만 1950년대부터 치러진 미스 코리아 선발대회는 국민들이 갖고 있던 동양적 여성미의 기준을 서구적인 시각으로 바꾸는데 일조했다.

4. 갈무리

모험적으로 출범한 한국일보사의 일간스포츠는 선발 일간스포츠신문이 1년 만에 경제지로 전환한 전철을 밟지 않고 성공적으로 특수지 영역을 개척했다. 일간스포츠가 1969년 창간 이후 16년간 성장하고 독점한 시기에 대한 고찰을 통해 다음과 같은 결론을 얻었다.

첫째, 일간스포츠는 정치적 배경이 없는 민간자본의 언론사가 스포츠저널리즘을 개척하기 위해 창간한 특수일간지로 1970년대 국가경제의 고속성장, 사회적 발전과 더불어 폭발적으로 성장했다. 일간스포츠는 창간 당시 한국일보 편집국 한 편에 자리 잡고 초라하게 출발했으나 5년

안에 편집국 사무실을 독립하고 독자적인 광고, 영업국을 운영할 정도로 발전했다. 우선 출발 당시 체육부, 연예부, 교정부, 편집부 밖에 없었던 편집국내 부서 편제에 레저부, 문화부, 사진부가 추가됐고 이후에는 체육 1·2부, 레저부, 생활사회부 등으로 세분해 운영됐다. 대중문화를 전담하는 연예부 외에 문학, 공연, 연극, 미술 등을 취재하는 문화부도 생겨 독자층을 넓혔다. 창간 때 4면 발행으로 출발한 신문은 1974년에는 8면으로 늘어났고, 1981년부터는 일반 종합지와 같은 12면을 내기 시작했다. 일간스포츠는 이후 경쟁시대를 맞으면서 다른 신문들과 보조를 맞춰 1988년 16면, 1989년 20면, 1990년 24면, 1992년 28면, 1999년 36면으로 증면했다. 발행부수 또한 1969년 2만부에서 출발해 1971년 4만부로 2배 늘어났고 1973년 10만부를 넘어선 이후 매년 20만부씩 늘릴 정도로 독자들의 사랑을 받았다. 1978년 몬트리올 올림픽에서 양정모가 금메달을 땄을 때는 80만부를 돌파했다. 연재만화와 연재소설을 신문에 싣기 시작한 것은 고정 독자 확보를 통한 획기적인 성장의 전기가 됐다.

둘째, 1963년 탄생 후 단기간에 사라진 선발 일간스포츠신문과 달리 일간스포츠가 성공할 수 있었던 배경에는 경영 측면에서 전국 보급망을 갖춘 조간신문 한국일보의 든든한 뒷받침, 성인용 만화와 청춘소설 등 심화된 연재물 게재, 사회 경제 분야 및 스포츠계의 발전 등이 복합적으로 작용했다.

한국일보 사장 장기영의 스포츠전문지 창간에 대한 열정과 철학, 서울경제신문 스포츠면 운영을 통한 세심하고 치밀한 준비과정, 탄탄한 신문 보급망 등이 신생지 일간스포츠가 흔들림 없이 일어서게 하는 발판이 됐다. 1972년 고우영의 만화 '임꺽정'으로 출발한 연재만화는 일간스포츠가 폭발적으로 발행부수를 늘리는데 결정적으로 기여했다. 심도 깊은 스포츠, 연예기사는 물론 연재만화와 소설 등 새롭고 신선한 내용이 추가되며 독자들의 사랑을 더 많이 받을 수 있었다.

체육계의 발전과 성장을 바탕으로 한 스포츠기사의 다양화 및 양적, 질적 성장 또한 일간스포츠의 성공에 기여했다. 일반 종합지에는 스포츠기사가 절대 부족했을 뿐더러, 심도 깊은 스포츠기사가 적었다. 이를 원하는 열성 스포츠팬들의 갈증을 풀어준 것도 일간스포츠의 성장에 크게 작용했다. 이와 더불어 정치·사회·경제적 발전이 맞아 떨어졌다. 선발 일간스포츠신문과 같은 정부의 지원은 없었지만 일간스포츠는 1970년대 고속 경제성장의 혜택을 누리며 다양한 콘텐츠를 강화해 독자의 입맛에 맞는 신문으로 승부를 걸 수 있었다. 스포츠신문이 매력적인 신사업 분야로 성장하던 무렵 단행된 정부의 언론 통폐합 조치는 일간스포츠의 독주기간을 조금 더 연장시키는 결과로 이어졌다.

셋째, 일간스포츠는 국내 유일한 스포츠신문으로서 독점적 지위를 누림으로써 체육계에 큰 영향력을 발휘했고 캠페인이나 방향성을 제시하는 기획 기사 등을 통해 체육계 발전에 기여했다. 일반 종합지 지면에는 보도되지 않던 스포츠 종목의 경기 결과가 일간스포츠 지면을 통해 널리 알려졌고, 유망주와 스타 선수를 소개하거나 재미있는 뒷이야기들을 전하는 등 지속적인 보도로 스포츠팬의 저변을 확장하는데도 기여했다. 또한 창간 초기 파격적으로 시도했던 고우영의 만화 연재를 계기로 일간스포츠는 만화계 발전에 크게 공헌했다. 일간스포츠는 이후 다수의 만화가와 다양한 장르의 만화를 게재함으로써 후발 경쟁지들도 신문 지면구성의 필수요소로 만화를 첫 손에 꼽게 했고, 결과적으로 만화산업의 비약적인 발전을 이끈 촉매제가 됐다.

결과적으로 일간스포츠의 독점기는 스포츠신문이 스포츠계와 만화계를 포함한 대중문화계의 발전을 선도하고 방향을 제시하는 영향력을 발휘한 시기였다. 미디어의 발달, 기술의 발달이 인간의 사고와 삶의 방식을 바꾸듯이 스포츠전문 일간지의 등장과 성장은 체육계와 체육계 종사자 등 전반을 변화시켰다. 선수와 행정가들에게 활력을 불어넣었고, 단체에 대한 감시 기능을 발휘했으며 장기적으로 향후 나아가야할 방향을 제시하는 나침반 역할을 했다. 유망주나 스타선수들을 대중에게 소개하면서 자연스럽게 스포츠팬의 증가를 유도했고, 스포츠계는 대중의 관심을 더욱 키우며 성장의 발판으로 삼을 수 있었다. 스포츠신문 또한 스포츠의 발전을 통해 판매를 늘리고 이익을 누릴 수 있었다.

대중문화계 역시 마찬가지였다. 일반 종합지에는 충분히 실리지 못하는 연예인 위주의 연성 기사가 지속적으로 게재됨으로써 상호 발전의 선순환을 이어갔다. 특히 일간스포츠가 신문 지면에 처음 시도한 연재만화는 만화와 대중을 자연스럽게 연결시켜주는 매개체 역할을 했으며 만화계는 이를 기반으로 다양한 장르의 만화를 개발하고 저변을 키워갈 수 있었다.

넷째, 1970년대 박정희 정부가 사회구성원들에게 주입하려한 담론들의 지향점은 결국 '애국주의'로 정의할 수 있다. 당시 애국주의는 사회의 중심 담론으로 '민족, 국수(國粹), 국가, 국민의 보전과 진흥을 주장하는 움직임'으로 이해되었고(吉澤成一郎, 정지호 역: 45) 군사주의, 영웅주의, 반공주의 그리고 국가주의를 하위 담론들로 세분하고 있었다(김현선, 2002: 180). 이러한 국가주도의 담론을 모두 담을 수 있었던 신체문화가 바로 스포츠였다. 일간스포츠 독점기는 제3공화국 정부가 애국주의를 앞세워 국가아마추어(National-sponsored Amateur) 선수들을 육성하는 일명 엘리트스포츠 정책을 본격적으로 시행하고 그 열매를 서서히 수확하던 때다. 국가가 통제하던 당시 신문들은 이러한 애국주의적 보도 성향을 담고 있었으며, 특히 유일한 스포츠전문 일간지인 일간스포츠는 그 중심에 있었다. 일간스포츠는 대한민국 선수들의 국제대회 성과는 모두 국가적, 국민적, 민족적 성취와 기쁨으로 묘사했다. 국가가 의도했던 역할을 충실히 수행한 대표선수들은 국가의 위상을 끌어올린 국민의 전사이자 영웅, 대한의 딸들이 됐다. 같은 맥락에서 당시 스포츠기자들은 올림픽과 같은 대형 국제대회 취재에서는 스스로 '국민의 대표'라는 사명감과 '역사의 기록자'라는 소명의식을 갖고 집중했다.

국가를 대표하는 선수들끼리 맞붙는 국제경기에서 관중과 스포츠팬들은 당연히 자국선수를 응원한다. 여기에는 언어와 문화, 그리고 국가를 공유하는 공동체 의식이 발현되기 때문이다. 스포츠 경기를 보고 무의식중에 민족주의에 물들어 있는 독자들에게 당시의 스포츠기자들이

전하는 기사는 당연히 스포츠민족주의[04]에 기초하게 돼 있었다. 스포츠 자체는 정치와 무관한 신체문화이지만 제3공화국 정부가 추구한 국제대회에서 스포츠의 가치와 목적은 경기에 이겨서 국가의 위신을 세우고 민족의 우수성을 증명하며, 이를 통해 반공과 항일의 정신을 확인하고 국민동원, 사회통합을 증진하는데 있었다. 이렇듯 제3공화국의 스포츠민족주의는 전 국민에게 맹목적인 통합을 강요하였다.

반공을 국시로 하던 당시 우리에게 국가와 국기를 앞세우는 국가대표선수가 국제경기에서 이기면 그들은 '천하무적 로봇 태권V'가 되었고, 그 상대가 일본이라면 더더욱 민족적 감정의 응어리를 대신 풀어준 애국지사가 되기도 했다. 박정희 정부는 국민의 애국심을 잘 활용하였다. 독재를 감추고 계급갈등과 사회문제를 덮고 또 국민들을 통제, 훈육하기에 스포츠민족주의는 매우 효율적인 도구였다.

그러기에 제3공화국은 국가가 비용을 대고 엘리트 선수를 집중 양성하는 시스템, 즉 국가아마추어리즘을 도입하고 시행했다. 국가의 위상을 높이기 위해서 선수와 지도자들은 혹독한 훈련과정을 견뎌내야 했고, 승리 지상주의에서 벗어날 수 없었으며 그 승리를 통해 영웅이 될 수 있었다. 정희준, 김무진이 지적했듯이 오랜 세월 최빈국, 약소국으로 살아온

---

04 스포츠와 민족-국가주의(nationalism)와의 결합이다. 이는 경기 우승 등의 결과를 통해 민족, 국민의 자부심을 높이고 민족, 국가의 명예를 높이는 행위다. 개인이나 팀은 하나의 주체로 간주되며, 마치 그들이 민족, 국가의 운명과 영광을 빛내줄 수 있는 것처럼 선수들에게는 상징성이 부여된다(심혜경, 2014).

우리에겐 우선 '세계적'이어야 했으며 그게 바로 '국위선양' 코드였다. 광복 이후 국제무대에 내놓을 것이 없었던 당시 그나마 스포츠 분야에서 국제적 인물이 나왔고 1960~1970년대 세계무대에서 한국인의 우수성을 증명했던 김기수, 김일, 양정모, 홍수환, 차범근 등이 주인공이었다(정희준·김무진, 2011: 109). 이들 스포츠영웅들은 당시 일간스포츠에서는 특히 각광을 받았던 인물들이다. 이렇듯 국가의 주도 아래 미디어가 가세하여 스포츠민족주의를 조장하였고, 팬들이 열광하는 스펙터클한 스포츠 경기는 지속적으로 생성되었다. 서구의 신체문화인 스포츠가 우리에게 들어와 애국 내지 민족주의 담론과 만나면서 대중들은 열광하였고, 그들의 관심사를 폭넓고 깊이 있게 전하는 가판대 앞줄의 일간스포츠는 불티나듯 팔려나갔다.

Ⅳ. 스포츠신문 삼국지

스포츠서울이 창간된 1985년부터 스포츠조선이 가세한 1990년 이후 3개지가 정립해 경쟁하면서 시장을 분할하던 1998년까지가 이 시기에 해당한다. 1985년 6월 창간한 스포츠서울이 일간스포츠의 16년 독점을 깼고, 1990년 3월에는 스포츠조선이 가세하면서 본격적으로 치열한 경쟁기를 열었다. 잇따른 후발주자들의 등장으로 외연을 키운 스포츠신문은 '황금알을 낳는 거위'로 인식됐고, 시장은 뜨겁게 달아오르기 시작했다.

3개지가 맹렬히 다투긴 했지만 모두 큰 걱정 없이 안정적인 시장점유율과 수익을 누리던 시기여서 신문업계에서는 이때를 '스포츠신문 삼국지 시대'라고 말하고, 또한'황금기'라고도 한다. 황금기란 표현에는 스포츠신문이 저마다 안정적인 발행부수와 매출로 흑자경영을 할 만큼 수익을 많이 올렸을 뿐 아니라 기존의 주간지 영역까지 삼킨 인기 절정의 대중지로서 최전성기를 누렸다는 의미도 포함돼 있다.

스포츠서울은 제5공화국이 언론을 장악하기 위해 만든 언론기본법

아래서 새 매체 창간이 엄격하게 통제되던 시절에 이례적으로 탄생한 일 간지이다. 이 기간에 새로 탄생한 신문은 정부 소유의 서울신문사가 창 간한 스포츠서울이 유일했다(김창남, 2010: 164). 스포츠서울은 제5공화국의 체육 및 대중문화 정책을 앞장서 홍보하는 정부기관지라는 이미지 때문 에 고전할 수도 있었으나 획기적인 전면 가로쓰기와 컬러인쇄, 한글전용 등 치밀한 준비와 획기적인 시도로 단기간에 성공궤도에 올랐다.

언론기본법이 사라진 1987년 이후 조선일보가 가장 먼저 스포츠신문 시장에 관심을 보였다. 스포츠조선은 조선일보에 넘치는 광고물량을 자 매지를 통해 소화하고 내부적으로 인력을 원활히 활용하기 위한 목적도 품고 있었다. 무엇보다 스포츠신문 시장은 후발주자로 나서더라도 장기 적으로 수익을 키워갈 수 있는 잠재력이 여전하다는 판단이 작용했다.

3개지의 경쟁은 서로에게 발전을 모색하는 자극제가 되기도 했지만 잘못된 방향으로 치우치는 결과도 낳았다. 가판대에서 독자의 선택을 받 기 위해 농도 짙은 성인만화를 끼워주는 만화부록으로 경쟁이 일었고, 급기야 스포츠신문이 음란물로 규정돼 시민단체에 의해 고발당하는 사 태로 비화됐다.

군사 쿠데타로 정권을 쥔 전두환의 제5공화국은 국민적 지지를 통해 집권하지 않았기 때문에 국민과 야당으로부터 지속적으로 민주주의에 대한 요구를 받았다. 국민적 관심의 전환을 통해서 이러한 상황을 타개 하기 위하여 서울 올림픽과 같은 대규모 행사가 필요했다. 이런 맥락에 서 스포츠정책은 정치적 정통성을 뒷받침하는 수단으로 활용됐다(유호근,

2009: 201-228).

　그러기 위해 정부는 1988 서울올림픽과 1986 아시안게임을 유치했고 1982년부터 야구, 축구, 씨름 등 대중적 인기가 높은 스포츠 위주로 프로화를 잇달아 시행하면서 국민적 관심을 다른 곳으로 돌리려고 했다. 스포츠서울 창간의 취지는 이러한 정부의 스포츠정책에 부합할 뿐 아니라 스포츠와 연예, 레저 등의 분야로 국민적 관심을 돌리게 하는데 효과적인 수단이 됐다.

　일간스포츠와 스포츠서울이 양립한 때인 제5, 6공화국 시절 정부의 스포츠정책은 1988 서울 올림픽을 준비하고, 성공적으로 개최하는데 초점을 맞추고 있었다. 두 스포츠신문의 방향도 같았다. 1993년 김영삼 대통령의 '문민정부', 1998년 김대중 대통령의 '국민의 정부'가 출범하면서 체육은 이전 정부보다 소홀하게 여겨졌다. 6공화국의 체육청소년부가 문화부에 흡수돼 문화체육부가 됐고, 이후 문화관광부로 명칭이 바뀌면서 체육국의 규모도 축소됐다.

　이 시기의 국가경제는 고속성장 이후 IMF 외환위기로 시련을 맞았다. 1980년대 중반 이후 고속 성장을 거듭하면서 1996년 OECD에 가입했으나 1997년 말 IMF 외환위기를 맞으면서 국가경제가 후퇴하고, 대대적인 구조조정과 함께 국민들이 고통을 받았다. 2015년을 기준으로 한 1인당 실질 국민총소득(GNI)은 1985년 677만원에서 1990년 1134만원, 1995년 1610만원으로 뛰었고 1997년엔 1745만원까지 올랐으나 IMF 외환위기로 1998년 1598만원으로 내려가며 -8.8%를 기록했다. 경제성장률도 최소 5.9%에서 최고 12.5%의 신장을 지속적으로 기록하다가 1998년 -5.5%로 후퇴했다(통계청 자료).

체육계에서도 영광과 환희, 좌절이 교차했다. 32년 만의 축구 월드컵 본선진출 성공(1985년), 프로야구 빙그레 이글스 창단 및 OB 베어스 서울 입성, 멕시코 월드컵(이상 1986년), 서울올림픽 성공개최 및 종합 4위 달성 (1988년), 베이징 아시안 게임, 남북 통일축구대회, 이탈리아 월드컵(이상 1990년), 국민생활체육협의회 출범, 일본 지바 세계탁구선수권대회 남북 단일팀 참가 및 여자단체전 우승, 세계청소년 축구대회 남북 단일팀 8강 진출, 프로야구 한일 슈퍼게임 교류전 시작(이상 1991년), 알베르빌 동계올림픽, 바르셀로나 올림픽(이상 1992년), 세계 탁구선수권대회 현정화 여자 개인전 우승(1993년), 태권도 올림픽 정식종목 채택, 릴레함메르 동계 올림픽, 미국 월드컵, 박찬호 메이저리그 LA 다저스 입단(1994년), 애틀랜타 올림픽(1996년), 무주·전주 동계 유니버시아드, 프로농구 출범(이상 1997년), 박세리 LPGA 챔피언십 및 US여자오픈 골프대회 우승(1998년) 등이 이 기간 동안 스포츠 신문의 주요 뉴스가 됐다.

프로야구의 성장과 남북 스포츠교류 활성화, 박찬호의 메이저리그 활약과 프로농구 출범 등으로 발전하던 스포츠계는 IMF 외환위기로 국가경제가 침체되며 고통을 겪었다. 어려운 시기에 이어진 박찬호와 박세리의 활약은 심리적으로 위축되고 경제적으로 고통 받는 국민들에게 용기와 희망, 위안을 주었다.

이 장에서는 창간 초기부터 일간스포츠와 대등한 경쟁을 벌인 스포츠서울의 창간 및 성공 배경은 무엇인지, 제5공화국 정부의 3S정책과 스포츠신문의 비약적 성장과는 어떤 관계가 있는지, 스포츠신문 만화 등에 대한 선정성 및 음란물 논쟁의 여파는 무엇인지 살펴보고 아울러 스포츠신문이 체육계에 기여한 바는 무엇인지 고찰하였다.

1. 스포츠서울의 탄생과 일간스포츠와의 경쟁

스포츠서울의 탄생에는 정부의 파격적인 지원이 뒷받침됐다. 일간스포츠가 스포츠·연예 전문 일간지로서 초고속 성장을 거듭하고 고수익을 올리자 많은 신문사들이 눈독을 들였으나 정부의 허가를 받지 못했다. 언론을 철저히 통제하기 위해 시행한 언론기본법의 정기간행물 등록제는 사실상 허가제였고, 새로운 매체의 창간은 극히 제한적일 수밖에 없었다.

그런 정부가 서울신문에 이례적으로 문을 열었다. 스포츠서울 초대 편집국장을 맡아 새로운 스포츠신문을 만들고 이후 일간스포츠 사장과 스포츠투데이, 굿데이 창간을 이끌어 '스포츠 신문의 귀재'로 불리게 된 이상우는 저서 '권력은 짧고 언론은 영원하다'에서 "어느 날 이우세 서울신문 사장을 만나 함께 저녁을 먹었는데 이 사장이 '전두환 대통령이 스포츠신문을 발행하도록 허락했다. 이국장이 와서 편집국을 맡아 달라'고 했다"고 스포츠서울 창간 및 자신의 스카우트에 얽힌 비화를 전했다(이상우, 2010: 166-167).

　　적자나는 서울신문의 재무구조 개선책으로 대통령이 스포츠신문 판권
을 내준다고 했다는 것이었다. 당시 국내에서 스포츠신문은 일간스포츠가
유일했고, 인기상품으로 상당한 수입을 올리고 있었다. 이를 보고 스포츠신
문을 황금알을 낳는 거위로 생각해 많은 신문사가 눈독을 들이고 있었다.
그러나 정부에서 허가를 내주지 않았다.(중략) 1985년 3월 1일자로 나는 서
울신문의 신매체 창간 준비위원장으로 발령을 받았다(이상우, 2010: 166-167).

　　당시 서울신문은 정부가 주식의 50% 이상을 소유하고 있었다. 정부
출자기관인 서울신문은 정부의 정책을 홍보하고, 옹호하는 논조의 기사
를 많이 싣는 기관지 역할을 했다. 정부가 대주주인 신문사가 만성 적자
를 면치 못하는 것은 정권에도 부담이 됐다. 스포츠신문 창간은 서울신
문의 재정적자를 개선하는 해결책의 하나였다. 사회적 분위기도 새로운
스포츠신문이 탄생하기에 적합한 조건을 갖추고 있었다. 1982년 출범한
프로야구, 1983년 창설된 프로축구, 그리고 민속 씨름 등 프로스포츠의
인기가 치솟았고 1986년 서울 아시안게임과 1988년 서울 올림픽을 앞
두고 있었다.

　　서울신문은 1984년 8월부터 준비를 시작해 1985년 초부터 구체적인
스포츠신문 창간 절차를 밟기 시작했다. 3월 1일자로 편집국장과 광고국
장을 임명하고 제호는 300만원 현상공모를 실시해 독자들의 관심몰이를
시작했다. 창간이 임박한 때에는 전국일간지와 방송에도 광고를 내는 등
사운을 건 대대적인 홍보활동을 벌였다.

본사는 84년 8월부터 그 준비 작업에 착수, 반년이 지난 85년 초부터 구체화되기 시작했다. 우선 새 신문을 이끌어갈 기간 조직이라 할 편집국과 광고국 인선작업에 들어가는 한편, 85년 2월 26일자 서울신문 1면에 12단짜리 초대형 사고를 게재, 본사의 창간의지를 독자들에게 미리 알렸다. 이에 앞서 2월 16일자로 특수일간신문정기간행물 등록을 마쳤다. 등록증(가17호)에는 '정부 체육시책 홍보, 국내외 스포츠에 관한 뉴스, 논평 및 건전한 문화와 사회기풍 진작에 관련된 과학, 건강, 교양, 오락, 연예 등의 내용을 게재, 스포츠 발전과 사회 계도에 기여한다'고 돼 있었다.

새로운 스포츠신문은 우선 가제호를 '스포츠신문'으로 하여 사고를 연일 게재하고 기구 구성 및 홍보활동에 들어갔다. 동시에 독자가 만드는 새 신문이라는 강력한 이미지를 주기 위해 300만원 현상금으로 제호를 공모했다(서울신문, 1995: 478).

특수 일간신문 등록증에 밝힌 스포츠신문의 목적은 정부 체육시책 홍보, 국내외 스포츠뉴스와 논평 및 건전한 문화와 사회기풍 진작에 관련된 교양, 오락 등의 내용을 게재해 스포츠 발전과 사회계도에 기여하는 것이었다. 즉 국가체육 시책을 홍보하고 스포츠 발전과 사회를 올바르게 이끄는 데에 도움을 주겠다는 내용이다. 군부독재 시절 언론 스스로 규정지은 방향성이다.

스포츠서울은 창간호부터 큰 반향을 일으켰다. 치밀한 준비와 대대적인 홍보활동이 주효했고, 무엇보다 기존의 다른 신문과는 확연히 다른 외양이 독자들의 눈길을 사로잡았다. 컬러 1면과 한글 가로쓰기, 붓글씨

그림 8. 스포츠서울 창간호. 1985년 6월22일
자료출처: 스포츠서울 DB실

체 신문제호의 고정관념을 깬 컴퓨터 도안의 현대적 감각을 풍기는 제호, 그리고 당시 최고인기를 누리던 박종환 88올림픽 축구대표팀 감독이 올림픽 이후 프로팀으로 가겠다는 의지를 밝힌 기사가 독자의 눈길을 끌었다. 창간호는 고정 12개면, 특집 12개 면을 더해 모두 24면이었다. 그 중 14개면은 컬러, 10개면은 단색이었다. 2면엔 '스포츠서울을 내면서'라는 제목으로 이우세 사장의 창간사가 실렸고 각계의 축하인사가 올랐다.

서울신문사는 오늘 아침부터 스포츠전문 일간지 스포츠서울을 새로 발행하게 되었습니다. 스포츠 없는 생활은 이제 상상조차 할 수 없는 시대입니다.(중략) 더욱이 88아시아 경기대회와 88서울올림픽과 같은 민족적 대제전을 앞두고 있는 우리에게 있어서 스포츠입국은 소망 아닌 소명으로 크게 부각되고 있습니다. 뿐만 아니라 선진조국의 우렁찬 모습이 이미 가시권에 들어오고 있는 이때 국력의 다각적 신장은 우리의 절실한 과제이기도 합니다. 국력의 줄기는 여러 가지가 있겠으나 강한 정신은 강한 체력에서 비롯된다는 점에서, 그리고 질서를 바탕으로 한 힘과, 힘을 바탕으로 한

단합이 스포츠의 본질이라는 점에서 우리는 이를 중시하게 되는 것입니다.(중략)

서울신문은 그동안 쌓아온 뜻과 새롭게 분출하는 힘을 모두 여기에 쏟아 넣어 스포츠입국의 터전을 다지는데 앞장설 것입니다.(중략)

그리고 스포츠서울은 내용면에서 새 경지를 개척할 뿐 아니라 지면의 모양도 한국 신문사상 처음으로 전면 가로쓰기를 단행하는 등 미래를 여는 신문으로서의 참모습을 독자여러분에게 보여드리게 되었습니다. 오늘 갓 태어난 스포츠서울이 언제까지고 독자의 사랑을 흠뻑 받으며 자라기를 바라면서 모든 직원이 정성을 다해 여러분을 모실 것을 굳게 다짐합니다(스포츠서울, 1985.06.22).

1963년 일간스포츠신문 창간사의 핵심어는 '체육대한의 재건립'이었다. 1969년 출범한 일간스포츠는 창간사에서 '스포츠 입국'을 제창했다. 스포츠서울 역시 창간사에서 '스포츠 입국'의 터전을 마련하는데 소명을 다하겠다고 강조했다. 3개 신문의 창간 정신에서 상통하는 키워드는 '스포츠 입국'이다. 엘리트 체육과 생활체육 전반의 발전을 통해 스포츠 강국을 만들고 이를 통해 국가를 부흥하게 하는 기틀을 마련하는데 언론으로서 기여하겠다는 뜻을 나란히 담고 있다.

스포츠서울의 성공은 창간호부터 시작됐다. 서울신문 50년사는 창간호 가두판매가 삽시간에 매진되고, 70만부 이상 찍어낸 창간호가 부족해 계속 부수를 늘려간 분위기를 상세히 묘사했다.

6월 21일 하오 4시46분, 각 신문, 방송 보도진과 TV 카메라가 지켜보는 가운데 본사 지하3층 윤전부에서 역사적인 창간호 인쇄가 시작되었다. 이 날 창간호는 본사 선전판매원 100여명이 본사 앞뜰에서 발대식을 갖고 가두판매로 나섰는데 놀랍게도 30분 만에 매진되는 기록을 남겼다. 이튿날 아침도 어마어마한 부수가 삽시간에 매진되었다. 신문을 만들어낸 본사조차 사장 이하 모든 종사자가 깜짝 놀란 일이었다. 창간을 전후해 심야까지 신문을 사러 본사에까지 독자들이 쇄도했다. 신문사의 모든 전화가 구독 신청 문의로 불이 난 것 같았다. 스포츠서울은 70만부라는 어마어마한 부수의 창간호를 찍어냈으나 사흘째부터는 그것도 모자라 74만부, 나흘째부터는 76만부를 발행하게 됐고 이를 미처 찍어내지 못한 윤전부에서 비명을 지르기에 이르렀다. 창간호가 나오던 날 전국 각 신문이 일제히 주요기사로 다뤘고 TV에서는 여러 가지 형태의 특집과 뉴스로 이를 소개, 비상한 관심을 보였다(서울신문사, 1995: 482).

'30분 만에 매진', '전화가 불이 난 듯', '심야까지 본사에 독자들이 쇄도', '윤전부의 비명', '일제히 주요기사로' 등은 현실을 강조하거나 과장할 때 신문이 상투적으로 쓰는 표현이다. 스포츠서울의 출발이 그토록 파격이라고 할 정도로 성공적이었다는 기록이다.

스포츠서울이 창간 초기부터 돌풍을 일으킨 데는 변칙적인 가두판매 전략, 이른바 '덤핑판매'도 결정적으로 작용했다. 스포츠신문 소비의 대부분을 차지하는 가두판매에서 우위를 점하기 위해 1부 판매가를 100원으로 책정한 가격정책은 일간스포츠의 허를 찔렀다. 당시 일간스포츠 뿐 아니라 종합 일간지 1부의 가격은 130원이었다. 바쁜 출퇴근 시간에 지하철 또는 버스 가판대에서 100원짜리 동전 한 개를 내고 바로 집어들 수 있는 스포츠서울을 선택하도록 하는 판매책이었다. 일간스포츠의 오랜 독자라고 할지라도 주머니를 뒤져 100원 짜리 동전 하나와 10원짜리 동전 3개를 챙겨 던지거나, 아니면 200원을 내고 70원을 거슬러 받기 위해 기다리는 충성심을 보이기엔 30원 더 싼 신문, 시원한 컬러 사진이 더 많은 신문의 유혹이 매우 컸다. 저가, 덤핑 공세는 독자에게 뿐 아니라 가판업자에게도 많은 수익을 보장했다. 이로 인해 스포츠서울은 불과 수년 만에 일간스포츠와 대등한 위치에 올라서는 성과를 올렸다(디지털만화규장각 홈페이지). 1984년 개통된 지하철 2호선을 중심으로 형성된 대규모 가판조직 또한 스포츠서울의 가판 성공에 크게 기여했다.

스포츠서울의 성공에는 다양한 독창적인 시도와 만화, 소설 등 각종 재미있는 연재물도 뒷받침됐다. 그 중 전면 가로쓰기와 한글전용은 한국 신문역사에서도 큰 의미를 갖는다. 당시 국내 신문들은 모두 세로쓰기로 제작하고 있었다. 스포츠신문인 일간스포츠도 마찬가지였다. 일부 종합 일간지에서는 사설 등 일부 기사와 고정연재물을 가로쓰기로 편집하는 시험적 시도를 하고 있었으나 전면 가로쓰기로 발행하는 신문은 없었다. 이 같은 환경에서 스포츠서울의 전면가로쓰기는 매우 큰 파격이었다.

또한 스포츠서울은 12면 전부를 한글전용으로 제작했다. 당시만 해도 종합일간지는 한글과 한자를 혼용했고, 일간스포츠 역시 선수와 배우의 이름을 한자로 병기하는 등 당시 신문의 보편적인 제작관행을 따르고 있었다. 한글전용과 더불어 표기법을 국정교과서와 같이 통일해 젊은 독자들의 호응을 얻었다. 아울러 매일 컬러지면 제작, 모든 기사와 사진 및 지면에 취재·사진·편집기자의 이름을 표기해 지면 전체의 신뢰도를 높이려는 시도 또한 신선했다.

스포츠서울의 전면가로 쓰기 이후 1988년 5월 한겨레신문이 창간되면서 종합일간지 최초로 전면 가로쓰기와 한글전용을 시행했고 이후 하나 둘씩 종합지도 가로쓰기로 바뀌다 1999년 조선일보를 마지막으로 국내 신문은 모두 가로쓰기 편집으로 바뀌었다. 스포츠서울의 모험적인 시도는 국내 언론계 전체를 지배하던 신문제작 원칙을 깨뜨리고 새로운 변화를 정착시키는 출발점이 됐다.

스포츠서울과 치열한 경쟁을 벌이게 된 일간스포츠 역시 가로쓰기를 도입했고, 컬러인쇄 시설을 갖추었다. 가판시장의 1부 판매가도 130원에서 100원으로 내릴 수밖에 없었다. 1969년 창간 이후 지켜오던 유려한 붓글씨체의 '日刊스포츠'라는 제호도 한글(일간스포츠) 및 컴퓨터 도안의 고딕체로 바꾸었다. 일간스포츠는 붓글씨체 제호를 스포츠서울과의 경쟁기에도 사수했으나 1990년 스포츠조선이 창간되는 시기에 즈음해 과감히 결단을 내렸다. 내부적으로 찬반 의견이 강하게 맞섰으나 젊은 층의 기호에 맞추고, 좀 더 강한 이미지로 변화를 시도하자는 의견이 우세했다.

스포츠서울이 한국 스포츠 신문역사에서 남긴 또 하나의 중요한 시도가 바로 프로야구'땅표'이다. 새롭게 시도한 야구기록표의 속칭인 땅표는 1루 땅볼을 '1땅', 투수 땅볼을 '투땅' 등으로 줄여서 표기하는데서 비롯된 이름이다. 땅표는 한 경기의 야구경기 기록을 전부 지면으로 옮긴 것으로 선발부터 교체선수까지 투수, 타자 전원이 표시되고 공격과 수비 상황이 상세히 독자에게 전달된다. 야구에 흠뻑 빠진 팬이라면 이 기록 표만 보아도 자신이 응원하는 팀이나 선수의 득점상황이나 투타기록 등을 상세히 알 수 있다. 당시 경쟁지인 일간스포츠는 선수들의 이름과 타수, 안타, 타율 및 투구내용과 방어율 정도만을 간략히 소개하는데 그치고 있었다. 일본스포츠 일간지에서 시행하고 있던 야구기록표를 옮겨온 스포츠서울의 땅표는 이후 경쟁지인 일간스포츠는 물론 후발 스포츠신문들에겐 없어서는 안 되는 필수 콘텐츠가 됐다. '땅표'를 중심으로 한 각종 기록표는 '기록의 스포츠'인 프로야구의 팬 층을 확대하고 이를 기반으로 판매부수를 늘리는데 기여 했다. 아울러 '땅표'로 인해 상세한 득점상황은 이 기록지에 맡기고 기사로는 결정적인 순간에만 포커스를 맞추고 상세히 묘사할 수 있는 변화를 가능하게 했다. 서울신문은 스포츠서울의 성공요인으로 '주관적인 스트레이트 기사'로 불리는 새 기사 스타일 개발을 꼽았다. 누가 어떤 활약으로 어느 시점에 승부가 갈렸다는 식의 객관적이고 포괄적인 스트레이트 기사는 이 땅표에 맡기고 한 상황을 특화해 흥미롭게 묘사하는 새로운 시도를 할 수 있었다.

　　속칭 '땅표'(프로야구 경기기록표)는 일본의 스포츠전문지에서 원용, 모방한 것이었다. 야구팬들은 다른 종목의 팬들에 비해 경기 내용에 대해 상당한 수준의 상식을 갖추고 있다는 전제에서였다. '땅표'가 첫 선을 보인 뒤 일부에서는 "많은 지면을 할애하면서까지 굳이 다룰 필요가 있느냐"는 반응도 있었다. 그러나 날이 갈수록 호응도는 높아만 갔다. 사실 '땅표'는 프로야구 보도의 전부나 마찬가지였다.

　'땅표'와 함께 스포츠서울 경기기사 패턴 자체가 변화했다. 득점상황 등 경기 전반적 사항은 '땅표'에 맡기고 경기의 핵심이 될 만한 내용만 기사 소재로 삼았다. 이에 경쟁지는 물론 타 종합지 체육기자들 간엔 당혹감이 감돌았다. 종래의 기사 스타일에 익숙해 있던 기자들은 스포츠서울 기사가 모두 작문에다가 오보투성이란 비난도 서슴지 않았다. 그러나 이에 개의치 않고 스포츠서울은 일체의 득점상황은 '땅표'에 맡긴 채 그날 경기 기록을 중심으로 기사를 작성, 보도했다. 결국 얼마 지나지 않아 기사 패턴에 있어서만은 종합지를 포함한 모든 신문들이 스포츠서울을 모방하기에 이르렀다. '땅표' 게재는 스포츠서울로 하여금 부동의 정상지로 자리 잡게 한 또 하나의 '역발상'이었다(서울신문사, 1995: 484).

　스포츠서울 창간 당시 경력기자로 합류한 신명철은 땅표를 신문에 싣자는 아이디어를 낸 주인공이다. 1980년 언론 통폐합 당시 서울신문을 떠났던 해직기자 출신으로 한국야구위원회(KBO)에서 1985년 5월31일까지 근무하다가 서울신문으로 복직해 스포츠서울 창간 작업에 합류한 그는 KBO 근무경험이 땅표 탄생에 큰 도움이 됐다고 밝혔다.

　　땅표는 닛칸 스포츠 등 일본 스포츠신문을 모방한 것이다. KBO 홍보실에서 근무하던 시절 내가 한 일 중에서 기억에 남는 것은 1982년 프로야구

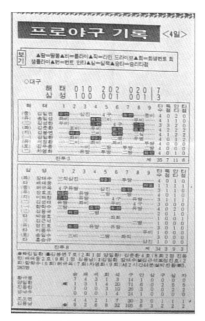

그림 9. 스포츠서울 야구기록지 '땅표'
자료출처: 국립중앙도서관

원년부터 연감을 만든 것이었다. 일본야구에선 당시 교도통신과 베이스볼 매거진사에서 연감을 만들고 있었다. 우리도 첫해부터 프로야구 연감을 만들기로 하고, 일본의 야구 연감 책을 들고 충무로의 인쇄소를 찾아갔다. 그 인쇄소에서 쓰는 기계가 일본 것이라서 곧바로 사식(사진식자 ; 금속제 활자를 사용하지 않고, 사진식자기에 의해서 문자를 한 자 씩 감광지 또는 필름에 새기는 인쇄방식)이 가능했다.

그 경험이 신문사로 돌아와서 야구 땅표를 만드는데 도움이 됐다. 문제는 일본신문의 용어를 한글로 옮기는 일이었다. 일본 스포츠신문에는 용어설명이 없었다. 희생타, 번트, 파울, 땅볼, 안타 등 야구용어를 간략히 줄이는데 공을 들였고, 땅표가 신문에 실리면서 대박이 났다. 기자들도 공책에 땅표를 붙이고 다니면서 지나간 경기를 돌아보고 기사작성에 참고하게 됐다. 처음엔 일본 것을 그대로 옮겼지만 이후 계속 개선하며 우리 것으로 만들었다(신명철 면담, 2018.11.02).

스포츠서울이 처음 시도한 땅표는 야구광들의 눈길을 끌기에 충분했다. 한 팀이나 선수를 열렬히 응원하는 골수 야구팬이라면 한 경기에 선수들의 이름과 타수, 안타, 득점, 타율 및 투구 이닝, 삼진, 방어율 등 단순한 기록만으로는 성에 차지 않았다. 그렇지만 땅표를 보면 1회부터 9회까지 어떤 상황을 거쳐 득점이 이뤄지고, 승패가 갈렸는지 머릿속으로 그려볼 수 있다. 일본 스포츠신문의 것을 옮겨와 약간의 변형을 가한 것이지만 땅표는 야구팬들의 뜨거운 호응을 받았고 야구는 기록의 경기이며, 팬들은 더욱 심도 깊은 복기를 원한다는 사실을 새삼 확인해 주었다.

스포츠서울의 스포츠 취재기자 인력 구성은 탄탄했다. 선발 일간스포츠신문에 공채로 들어간 1세대 스포츠기자인 유홍락이 체육담당 부국장을 맡았고 야구에는 한국일보 체육부에서 일간스포츠를 만들다가 경향신문으로 옮겨갔던 당대 최고 야구기자의 한 명인 이종남이 주축이 됐다. 축구는 한국일보 출신 방석순이 중심이 됐다. 한국경제신문에서 스포츠전문 기자로 일하던 김덕기도 합류했다. 서울신문이 발행하던 '주간스포츠' 기자들도 일부가 스포츠서울 편집국으로 이동했다.

스포츠서울 창간호의 1면 머리기사를 장식한 축구담당 기자 김덕기는 창간전후의 편집국내 분위기와 아낌없는 투자, 기자들의 열정을 상세히 전했다.

한국경제신문에서 체육전담기자로 일하다가 스포츠서울에 합류한 것은 85년 5월 1일이었다. 스카우트 1차 발령 때 기자들을 먼저 뽑아 3~4월에 대충 부서 구성이 돼 있었고 5월부터는 시험판을 제작하기 시작했다. 창간 전인데도 회사의 후원이 대단했고 창간 특집호를 위해 해외출장을 떠난 기자도 있었다.

　창간호 1면 톱기사를 잡기 위해 열심히 취재하던 중 할렐루야 축구단을 매각한다는 소식을 들었다. 1면 감이라고 생각했지만, 창간호 1면은 우울한 이야기를 피하고, 당시 최고인기를 끌고 있었던 88올림픽 축구대표팀 박종환 감독에 관한 것이어야 한다는데 의견이 모아졌다. 박종환만 나오면 신문이 읽히던 시절이다. 박종환 감독과 만나 미래를 이야기 하다가 88 올림픽이 끝나면 프로에서 요청이 올 경우 기꺼이 가겠다는 말을 들었다. 88올림픽 이후 그 선수들을 데리고 신생팀을 창단하면 좋겠다는 박 감독의 말은 화제 거리가 되기에 충분했다. 창간호 다음 2호의 1면 톱은 묵혀 두었던 '할렐루야 축구단 판다'였다. 당시 축구협회장이자 할렐루야 축구단 구단주이던 최순영 회장이 직접 한 말이라 파급력이 컸다. 이렇게 해서 공교롭게 스포츠서울 1, 2호의 1면 톱기사를 남기게 됐다(김덕기 면담, 2018.11.06).

　'박종환 프로 간다'는 기사는 머잖아 실현될 사안에 대한 특종보도라기보다는 미래의 계획을 담고 있는 스토리 기사였다. 1988 서울 올림픽을 준비하고 있는 대표 팀 감독이 "올림픽을 잘 치른 뒤 올림픽 대표들을 주축으로 프로팀에 가고 싶다"는 내용은 눈길을 끌만했다. 스포츠서울 창간호 1면 톱기사가 상징하는 것은 이른바 '스토리텔링 기사'의 시대가 도래했음을 의미했다. 가판 시장에서 상대신문 보다 더 눈길을 끌기 위해서는 깜짝 놀랄만한 특종기사를 쓰거나, 아니면 '기사가 나오기만 하면 독자들이 관심을 보이는', 이른바 톱스타와 관련한 보도를 다양한 형태로 가공하는 작문기사가 필요했다.

일간스포츠와 스포츠서울 기자들의 취재경쟁은 치열했다. 그야말로 전쟁과도 같다는 표현 그대로였다. 이제까지 웬만한 스포츠 기사의 특종은 일간스포츠가 거의 도맡아 하다시피 하던 시절에서 서로의 자존심을 건 싸움을 벌이게 됐으니 경쟁은 자연스럽게 뜨거워질 수밖에 없었다.

스포츠서울 창간호 1면 톱기사를 놓고도 오래도록 신경전이 치열했다. 박종환 감독의 입에서 나온 88 올림픽 후 프로행이란 말 자체가 당시로선 큰 화제가 되는 특종기사란 스포츠 서울의 설명에 대해 일간스포츠의 시각에서는 먼 훗날 실현될 일을 두고 막연하게 희망을 밝혔을 뿐이라며 반박했다.

두 신문의 '전쟁 같은 경쟁'을 상징적으로 보여준 사건이 '김종부 파문'이다. 1983 멕시코 세계청소년 축구대회 4강 신화의 주역으로 장차 차범근의 뒤를 이을 최고선수로 각광받은 고려대생 김종부를 놓고 현대 축구단과 대우 축구단이 사생결단의 스카우트 전쟁을 벌인 사건이다. 1985년부터 시작된 스카우트 전쟁은 1986년 3월 29일 현대와 가계약서에 사인한 김종부가 대우행을 선언함으로써 파국을 부른다. 1987년 한일 프로축구 친선전에 김종부가 대우 유니폼을 입고 출전하자 즉각 현대는 팀 해체를 선언했고, 이로 인해 최순영 회장을 비롯한 집행부가 총사퇴하는 파문으로 이어졌다. 결국 김종부가 대우행을 포기하고 포항제철로 트레이드 되면서 마무리된 파문의 이면에는 두 신문의 치열한 경쟁 비화가 숨어있다. 스포츠서울 축구팀 기자로 활약한 김덕기의 설명이다.

일간스포츠와 스포츠서울 기자들은 전쟁하듯 취재경쟁을 벌였다. 서로 상대방의 동선에 촉각을 곤두세우고 안테나를 가동했다. 김종부 사건은 매우 컸다. 1986년초 일간스포츠 기자들이 고려대 인근 안암동에서 여관을 잡아놓고 뻗치기를 한다는 소문이 들려왔다. 그 이야기를 듣고 깜짝 놀랐다. 상대가 24시간 대기체제로 집중취재 하고 있다는 소식에 놀랐다. 하지만 너무 일찍 시작해 좀 지쳐있을 때였다. 우리도 부랴부랴 기자를 투입했고, 결국은 우리가 특종을 했다. 현대와 가계약서에 사인한다는 소식을 취재원으로부터 실시간으로 전해 들었다. 현대와 사인한 것은 고려대 측의 의견이 많이 반영된 것이었다. 당시 김종부 매형이 매니저 역할을 했는데 양쪽에 모두 관계를 하면서 일이 꼬인 거다. 김종부에 많은 투자를 했던 대우 축구단은 반발했다. 스포츠서울이 초판에 '김종부 현대 간다'고 특종기사를 냈더니 일간스포츠가 다음 판에 '김종부 현대 안간다'고 뒤집는 기사를 냈다. 특종기사를 쓴 회사와 뒤집으려는 회사의 싸움이었다. 두 스포츠신문사 뿐 아니라 종합지 축구기자들도 나름대로의 시각으로 현대와 대우 편에서 상반되는 기사가 이어졌다. 파문 끝에 결국 김종부는 포항제철로 갔다가 2년 뒤 트레이드 형식으로 대우에 입단했지만 후유증 때문에 크게 빛을 보지 못했다(김덕기 면담, 2018.11.06).

한 가지 사안을 두고 서로 다른 특종을 하기도 했다. 1989년 10월 28일자 스포츠서울 1면에는 '이회택 감독 부친 북한에 살아있다'는 특종기사를 실었다. 1990년 이탈리아 월드컵 아시아지역 최종예선전이 열리고 있던 싱가포르에서 스포츠서울 김덕기 기자가 북한 축구 관계자들과 만나 사실을 확인하고 보낸 특종기사였다. 서울신문 100년사에는 스포츠서울의 주요 특종 가운데 이회택 감독 북한 생존 확인을 대표적인 것으로 소개하며 취재기자의 생생한 특종기를 실었다.

일간스포츠는 1990년 9월30일자 1면 톱기사로 '이회택, 아버지 평양 상봉' 제하의 특종기사를 싣는다. 10월 9일부터 13일까지 평양에서 열리는 남북통일 축구 대표단에 이회택 감독이 동행하며, 현지에서 40년간 이산가족으로 떨어져 지냈던 한을 풀게 됐다는 내용이었다. 이회택 감독은 이런 사실이 미리 알려질 경우 부자상봉이 무산될 수도 있다는 조바심에 극도로 보안을 지키고 있던 때였다. 특종기사를 작성한 일간스포츠 박재영 기자의 설명이다.

> 주변 취재를 다 해놓은 뒤 이회택 감독에게 사실 확인을 위해 이야기하니 깜짝 놀라던 기억이 생생하다. 이 감독은 추진 사실이 미리 언론에 나올 경우 아버지와의 만남이 무산될 것을 우려해 극도로 조심하고 있었다. 당시에 이회택 감독이 평양에서 아버지를 만난다는 뉴스는 일반 종합지와 방송에서도 사회면 기사로 받았을 만큼 사회적으로 매우 상징적인 뉴스였다. 그해 연말 한국일보사 전체 시상식에서 특종부문 2위에 올라 상금 150만원을 받았다(박재영 면담, 2018.11.06).

일간스포츠 역사를 소개하는 한국일보사사와 일간스포츠 홈페이지에는 역대급 특종기사 중 하나로 이회택 감독 평양 부자상봉을 소개하고 있다. 한 가지 사안을 두고 서로 다른 시기에 기사를 보도해 특종상을 받은 경우다.

연예 담당 기자들은 스포츠 부문 못잖게, 아니 어쩌면 그보다 더 치열하게 경쟁을 펼쳤다. 이전까지 선데이서울과 같은 주간지의 영역이라고 했던 연예인들의 사생활에 관한 기사가 경쟁하듯 터져 나왔다. 때로는 남녀 연예인의 교제설 등 확인되지 않은 뉴스도 기사화 되고 폭로 및 선정적인 뉴스도 스포츠지 1면을 타고 뉴스거리가 됐다.

일간스포츠와 스포츠서울의 취재경쟁은 스포츠, 연예 등 분야를 가리지 않고 치열하게 펼쳐졌고, 자연스럽게 주간지의 영역을 삼켜버렸다. 이전까지 상당히 강세를 보였던 주간지 시장은 스포츠신문이 세를 확장하면서 서서히 힘을 잃게 됐다. 이전까지 선정적이거나, 폭로성을 품은 기사는 주로 주간지의 몫이었다. 스포츠신문은 주간지 영역까지 포함하는 대중지로 외연을 키웠으나 이로 인해 한편으로 '스포츠신문은 외설적이고 선정적인 황색 저널리즘'이라는 인식이 피어나기 시작했다.

취재 분야의 특종 외에 스포츠서울은 다양한 연재물로도 독자들의 시선을 끌었다. 대학생들의 풍속도를 그린 이규형의 연재소설 '청춘스케치', 강철수의 멜로 만화 '발바리의 추억', 전영호의 유머 코너 '개그펀치', 김두한의 일대기를 그린 방학기의 극화 '감격시대'등이 큰 인기를 얻었다. 일간스포츠가 고우영의 극화 '임꺽정', '수호지', '초한지' 등으로 선풍적인 인기를 모으던 시절과 비교되는 연재물들이라고 하겠다. 또한 캠퍼스 소식을 전하는 대학생 명예기자 페이지 등도 신선한 시도였다.

스포츠서울의 다양한 시도는 경쟁지 일간스포츠에게도 변화를 요구했다. 일간스포츠 역시 6개월여 뒤 시스템을 갖춰 '땅표'를 싣기 시작했

고, 대학생 명예기자 페이지도 운영했다. 이는 후에 창간된 스포츠조선
도 처음부터 똑같이 따라하게 하는 모범답안이 됐다.

2. '3S 정책'논란과 스포츠신문의 황금기

군사 쿠데타로 출발한 제5공화국의 '3S정책(스포츠, 섹스, 스크린)'은 스포
츠와 대중문화를 집중적으로 다루는 새 스포츠신문의 탄생과 자연스럽
게 연결됐다. 제5공화국은 폭력적 정치질서의 창출에 따른 민중적 저항
을 완화·분열시키기 위해 스포츠 및 각종 대중문화 시책을 강화하고 지
원하였다. 1970년대 이후의 정치·경제적 모순의 연장과 새로운 폭력정
치에 대한 국민적 대항에 대비하여 모순의 해결이 아닌 은폐를 시도하여
이를 통한 정권의 안전을 도모했다(고광헌, 1988: 116).

3S 정책의 출발은 올림픽 유치로부터 비롯됐다. 유신정권에서 추진하
다가 10.26사건으로 중단된 1988 올림픽 유치계획은 5공화국 출범 이후
부활했고1981년 10월 서독 바덴바덴 국제올림픽위원회(IOC) 총회에서의
성공으로 귀결됐다. 서울 올림픽 유치를 계기로 한국 스포츠계에는 거대
한 변화의 바람이 몰아쳤다. 1982년 프로야구, 1983년 프로축구 및 민속
씨름 등 프로스포츠가 잇따라 출범했고 올림픽에 대비한 국제경기 대회
가 계속해서 열렸다.

1981년 올림픽유치가 결정되고 갑작스럽게 대중 앞에 펼쳐져온 스포
츠 붐은 프로스포츠의 활성화, 전파매체에 의한 스포츠 중계시간의 급

증, 신문의 스포츠면 증면과 스포츠전문지 창간 등의 이상 비대화 현상으로 나타났다. 당시 TV의 스포츠 중계현황을 살펴보면 1981년 이후 3개 방송국의 스포츠중계시간은 점차 늘어나고 있었다. 1981년 9월 8%, 1982년 2월 12.1%, 1983년 3월 19.9%, 1984년 6월 약 25%이며, 주말에는 특히 전 프로그램 중 스포츠중계가 30~40%를 차지했다(고광헌, 1988: 149).

프로스포츠 출범에 이어 영화검열 완화를 통한 수위 높은 에로영화의 양산, 통행금지 해제로 인한 심야 유흥업소 성행, 컬러 TV방송 시행 등이 이어졌다. 언론계와 학계에서는 대중의 눈과 귀를 정치, 사회적 이슈에서 멀어지게 하는 우민정책인 3S 정책이 결과적으로 새 스포츠신문 창간으로 이어졌다는 비판이 일었다. 이런 이유 때문에 군사정권, 독재정권이 소유한 서울신문이 창간한 스포츠서울에는 곱지 않은 시각이 따를 수밖에 없었다. 스포츠서울이 일반 대중의 관심을 프로스포츠와 선정성 짙은 영화 등 대중문화 쪽으로 쏠리게 한다는 게 이유였다.

스포츠서울 초대 편집국장을 지낸 이상우는 "스포츠서울 주독자의 연령층을 하이틴에서부터 대학생, 직장인, 주니어까지로 잡았다. 독자층의 가장 가운데에 있는 대학생이 핵심이 되었다. 처음에는 군사정부, 독재정권 소유의 서울신문에서 만드는 신문을 운동권 학생들이 사겠냐는 우려가 컸다. 더구나 '스포츠서울은 영부인 이순자 여사가 돈을 대서 만드는 신문'이라는 유언비어까지 퍼졌다. 그래서 연상 작용을 피하기 위해 만화가 이정문씨의 4콤마 연재물의 이름을 '심술턱'에서 '심술통'으로 바꾸었다"고 당시 분위기를 밝혔다(이상우, 2010: 179-180).

　서울신문 50년사는 이와 같은 뒷이야기는 소개하지 않고 다만 스포츠
서울 창간 결정의 배경으로 '스포츠에 대한 국민적 관심도에 부응하고',
'대중이 원하는 정보욕구를 충족하기 위하여' 스포츠 전문일간지를 창간
했다고 기록했다.

> 　우리나라 근대화의 과정에서 또 하나 두드러진 사회현상은 스포츠의
> 활성화와 여가 문화의 발달이었다. 특히 스포츠에 대한 국민의 관심도는
> 해마다 높아져 88년 서울올림픽과 86년 서울 아시안게임을 앞두고 있었
> 던 당시 시점 최고조에 달했었다. 이 같은 변화는 보다 많은 스포츠정보를
> 요구하게 됐고 기존매체들은 한층 많은 지면과 시간을 할애하기에 이르렀
> 다. 그러나 그것만으로는 대중이 요구하는 정보욕구를 충족할 수 없었을
> 뿐 아니라 국제적으로도 관심이 쏠려 있는 국내외 사정을 전달하는데 부
> 족한 점이 많았다. 본사는 이에 스포츠 관광 레저 전문 일간신문을 창간할
> 계획을 세웠다(서울신문사, 1995: 478).

　서울신문이 '서울신문 100년사' 등에서 공식기록으로 남기지 않았지
만 스포츠서울의 창간은 제5공화국의 스포츠정책, 대중문화 정책, 언론
정책이 복합적으로 결합해 나타난 결과였음은 부인할 수 없다. 이는 박
정희 대통령의 제3공화국이 자신들의 정통성을 홍보하고 정부시책을 적
극적으로 알리기 위해 1963년에 일요신문을 통해 최초의 스포츠전문 일
간지 일간스포츠신문을 창간토록 지원한 것과 맥을 같이 한다. 1963년

일간스포츠신문 창간과 1985년 스포츠서울 탄생의 배경에 다른 점이 있다면, 제5공화국의 3S 정책에 따라 스포츠에 섹스와 스크린이 더해졌다는 점이다.

스포츠서울은 창간지면부터 프로스포츠 보도를 최우선으로 삼았다. 체육부 외에 야구를 전담하는 야구부를 따로 둔 것부터 일간스포츠와 달랐다. 프로스포츠가 1982, 1983년 각각 출범했지만 일간스포츠는 프로야구, 프로축구 뉴스를 1면이 아닌 3면 안쪽으로 취급하고 있었다. 스포츠서울 초대 편집국장 이상우는 저서에서 일간스포츠 재직 당시 프로야구 기사를 크게 다루자는 의견을 냈으나 당시 편집 책임자가 '저들의 돈벌이에 이용당할 수는 없다'며 프로스포츠 기사를 크게 다룰 가치가 없다고 한 말을 소개했다(이상우, 2010: 168).

요즘 같으면 당연하게 인기 최고인 프로스포츠 위주로 신문지면에 우선순위를 매기겠지만 유일한 스포츠신문으로 시장을 독점하던 시기의 일간스포츠는 고집을 피웠다. 당시 편집국장은 프로스포츠의 상업주의에 신문이 끌려 다닐 필요가 없다며 야구 등 프로스포츠를 중시하지 않았다. 한국일보 체육부 기자로서 일간스포츠 지면 제작을 겸했던 이태영도 같은 내용의 내부 분위기를 전했다.

1982년 프로화가 되면서 대중의 관심이 그리로 쏠리고 신문 제작에도 변화가 생겨야 했지만 그렇지 못했다. 프로스포츠 탄생은 필연적이고 무시하면 안 된다, 프로 스포츠를 북돋워주는 역할을 스포츠 신문이 해야 한다고 주장했으나 편집국의 분위기는 그게 아니었다. 프로는 프로일 뿐이고, 상업적이다. 올림픽이 프로스포츠를 인정하지 않으니, 우리도 우리의 페이스를 지켜야 한다는 게 당시 편집국장의 의견이었다. 일간스포츠에서는 프로스포츠가 3, 4면으로 가고 그것도 면 톱기사도 아니고 중간으로 배치했다. 하지만 스포츠를 상업행위, 영리행위로 본 것은 잘못이었다. 신문이 고고하게 아마추어리즘을 지킬 필요는 없었다. 어차피 신문은 대중매체이고, 독자의 요구를 찾아갈 수밖에 없는데, 결국 그런 의견충돌도 내가 1983년 회사를 그만두고 나온 이유 중 하나가 됐다. 야구 담당 이종남 기자도 그런 이유 때문에 나보다 먼저 회사를 떠나 경향신문으로 갔다가 나중에 스포츠서울로 가게 됐다(이태영 면담, 2018.11.01).

한국일보 회사 차원의 원칙인지, 아니면 제작을 책임지는 편집국장 개인의 신념인지 알 수 없으나 일간스포츠가 초창기 상업성 짙은 프로스포츠에 큰 비중을 두지 않았던 것은 분명하다. 그와 달리 스포츠서울은 창간호 표지에서부터 프로스포츠에 초점을 맞추는 제작방향으로 독자들을 끌었다. 프로야구 출범 40년이 가까워지는 요즘의 기준으로 본다면 당연한 일이고, 굳이 여기에 제5공화국 정부의 3S 정책과 방향성이 같았다고 해석할 것까지 없는 일이겠지만 당시 일간스포츠와 스포츠서울의 분위기는 이처럼 매우 대조적이었다.

스포츠서울은'땅표'와 같은 독특한 야구기록표를 만들었고, 보급 여건을 개선해 부산지역 아침 신문에 전날 프로야구 결과가 들어가도록 했다. 당시 일간스포츠는 그렇지 못했기에 롯데 자이언츠에 열광하는 부산

시민들에게 스포츠서울은 독점적일 수밖에 없었다. 스포츠서울 야구부 창간 멤버인 신명철은 "당시 부산지역 신문 가판업자로부터 들은 말에 따르면 스포츠서울의 하루 가판 판매량은 당시 서울에서 내려온 중앙 종합일간지의 가판 판매량을 모두 더한 것보다 많았다고 한다"며 "부산 사직구장에서 팬들 사이에 유행하는 신문지 응원도 당시 스포츠신문 인기에서 비롯됐다"고 말했다(신명철 면담, 2018.11.02).

스포츠서울의 컬러인쇄 시설은 스포츠뿐만 아니라 연예계 소식을 전하는데도 매우 유리한 조건이 됐다. 서울신문이 발간하는 두 주간지 '주간스포츠'와 '선데이서울'에서 핵심 역할을 하던 기자들이 스포츠서울 창간과 함께 스포츠서울 편집국으로 발령을 받았다. 주간지에서 꾸준히 축적해 놓은 컬러 사진과 자료들은 스포츠서울의 지면을 더욱 빛나게 했다.

스포츠서울과 일간스포츠의 경쟁은 연예가 뉴스 쪽에서도 체육계 못잖게 치열했다. 특종 경쟁 뿐 아니라 컬러 화보, 재미있는 읽을거리 등으로 고정 독자를 잡았다. '나의 고백'과 같이 스타 연예인들이 풀어놓는 회고담은 폭발적 인기를 끌었다. 신문임에도 불구하고 선데이서울과 같은 잡지 성격의 기사가 많았다. 그러면서 자연스럽게 주간지가 설 땅이 없어졌다. 스포츠신문이 과거 대중지 시장을 주도했던 주간지 영역을 흡수했기 때문이다(김두호 면담, 2018.11.13).

프로스포츠를 중시하고, 연예면 읽을거리를 강화하는 신문제작 방향은 두 신문의 치열한 경쟁 속에 자연스럽게 굳어졌다. 스포츠신문들이 연일 쏟아내는 프로야구, 프로축구 소식에 스포츠팬은 계속해서 늘어났다. 비시즌에도 읽을거리는 계속돼 선수 트레이드 관련 뉴스가 첩보물이나 추리소설을 접하듯 흥미진진하게 쏟아졌다. 아울러 겨울철 전지훈련 뉴스도 계속해서 팬들에게 전해지면서 프로스포츠는 많은 팬들을 확보할 수 있었다. 스포츠서울 편집국장을 지낸 김두호는 "프로스포츠 활성화에 대한 스포츠신문의 기여도는 90% 이상 될 것이라고 본다. 생생한 야구기록표와 재미있는 읽을거리 등이 프로야구의 관중과 팬을 배가시키는데 공헌했음은 부정할 수 없는 사실이다"고 말했다(김두호 면담, 2018.11.13).

일간스포츠와 스포츠서울은 서로 맹렬히 경쟁하는 가운데 계속해서 발전했다. 특히 1988 서울올림픽은 스포츠 전문지의 존재감을 더욱 높였다. 올림픽을 계기로 스포츠신문들의 광고수입과 발행부수가 폭발적으로 증가하면서 이후 스포츠조선이 가세해 '스포츠지 삼국지 시대'를 이룬 1990년대 후반까지 최전성기를 구가했다. 정확한 발행부수와 판매부수를 밝히지 않던 1990년대 중후반 시절, 3개 스포츠신문은 저마다 60~70만부 이상 찍어내며 안정적으로 절정기를 누렸다. 2010년대 일간스포츠 대표를 지낸 정경문은 "스포츠신문이 가장 각광받고 위세를 떨쳤던 때는 1990년대 중후반이다. 그 때 신문협회가 매년 발표하는 중앙언론사 발행부수 순위에서 조선, 중앙, 동아 다음으로 스포츠신문이 4위를 차지했다. 그 시절엔 스포츠신문 1등이 전체 발행부수에서 4위를 하던 때이고, 스포츠서울이 스포츠신문 가운데서는 가장 많았다. 5위 매일경제신문과는 큰 차이로 위에 있었다. 경영 측면에서는 2002년 한일 월드컵 당시 광고

단가가 올라가면서 매출액이 최고를 찍었지만 위세 면에서 스포츠신문의 황금기는 1990년대였다"고 했다(정경문 전화면담, 2018. 11. 21).

3. '스포츠신문 삼국지'시대와 음란물 논쟁

1990년 3월 21일 조선일보사가 스포츠조선을 창간했다. 일간스포츠와 스포츠서울이 시장을 양분하던 때에 국내 최대 규모 신문사인 조선일보가 스포츠신문을 창간함으로써 스포츠지 시장은 본격적인 3개지 경쟁 시대로 접어들었다. 2개지가 시장을 분할하던 시절만 해도 스포츠신문은 언론 부문에서 독자적인 범주로 구분지어지기가 쉽지 않았다. 그러나 3개 스포츠신문이 정립하면서 그 시장규모와 숫자에서 엄연한 존재감을 갖게 됐다.

1990년대로 넘어서면서 스포츠와 대중문화는 새롭게 개척해 수익을 올릴 수 있는 매력적인 투자분야로 성장했다. 조선일보가 스포츠신문 경쟁에 뛰어든 것 또한 시장의 여건이 그만큼 성장해 있었기 때문이다. 한편으로는 당시 최고의 활황을 누리던 조선일보가 넘치는 광고물량을 받아 소화할 수 있는 자매지의 필요성과 내부적으로는 인사 적체를 해소하기 위한 방안의 하나로 스포츠신문 창간의 필요성이 대두됐다. 스포츠조선 편집위원 이남규가 '신문과 방송'에 기고한 글에서 이 신문의 탄생배경을 살펴볼 수 있다.

스포츠신문을 만들자는데 대해서는 조선일보사 안에서 대체적인 합의가 있었다. 물론 거기에는 경영차원의 고려가 우선적이었을 것이다.

신문사가 경영의 다각화를 위해 사업하기도 하고, 잡지를 내기도 하지만, 그 효과는 한계가 있게 마련이다. 신문사가 이미 가지고 있는 시설이나 인력을 충분히 활용하는 데는 생산성이 높고 전망이 있는 새로운 신문을 만드는 수밖에 없다. 아마도 이런 생각이었을 것이다. 여러 가지 면에서 우리와 흡사한 일본의 상황이 참고가 되었다. 지금 일본은 스포츠신문의 전성기를 맞고 있다. 동경에서만 열 개나 되는 스포츠신문이 나와 있고, 모두 하루 수십만 부씩 팔린다는 것이다. 지금까지 우리나라의 발전과정이 일정한 시차를 두고 일본과 비슷한 길을 걸어 왔다는 사실을 상기해 본다면 , 경영자의 입장에서는 망설일 이유가 없을 것이다(신문과 방송, 1990.04. 110-112).

스포츠 조선 창간에서 눈여겨봐야 할 점은 이 신문이 처음부터 모기업의 그늘을 벗어나 독립법인으로 출발했다는 점이다. 조선일보는 스포츠조선으로 인사발령을 하면서 조선일보 부사장이던 신동호를 대표이사 사장 겸 발행·편집·인쇄인으로 임명했다. 전무도 선임해 회사의 틀을 갖췄다. 조선일보사와 건물을 같이 쓰던 스포츠조선은 2001년 1월1일 서울 양천구 목동 신사옥으로 이전해 완전히 독립했다. 일간스포츠와 스포츠서울이 각각 한국일보사와 서울신문과 한 회사로 편집국만 별도로 구성해 출범했던 것과는 대조적이었다. 일간스포츠와 스포츠서울은 추후 독립법인으로 분리되기까지 모기업 한국일보와 서울신문의 수익을 올려주는 효자 노릇을 했다. 반면 스포츠조선은 운명을 스스로 개척해야 하는 배수진을 치고 출발했다. 이는 곧 스포츠신문 만으로도 홀로서기가 가능하다는 의미를 담은 도전이었다. 스포츠신문 업계에서 초미의 관심을 갖고 지켜본 스포츠조선 창간호는 특집 16면을 포함한 컬러 20면 등 총 30면으로 제작됐다. 1면부터 안쪽까지 스포츠조선의 편집은 기존 스포츠신문 지면 편집에 비해 상당히 생소했다. 제목과 사진의 배치가 기존 스포츠지 편집의 틀을 벗어났고 제목의 색깔도 강렬하지 않았다. 일견 여백이 너무 많아 허전해 보인다 싶을 정도였다.

스포츠조선 창간호 1면 톱기사는 '선동열 일본프로팀 간다'였다. 당시 인기 절정의 프로야구에서 최고투수인 해태 선동열이 시즌 종료 후 일본 프로야구에 진출한다는 제목은 신문 가판대에서 독자들의 눈길과 손길을 끌었다. 그러나 선동열이 일본으로 간 때는 1995년 시즌이 끝난 뒤였다. 선동열이 일본프로야구 진출 의지를 갖고 있고, 향후 전개될 가능성이 충분한 내용을 기사화 한 것이었지만 결론적으로 그 시기는 너무 일렀다.

여기서 주목할 점은 새로 창간한 스포츠신문의 1면 톱기사 주인공이 프로야구 선수라는 사실이다. 스포츠서울이 1985년 6월 창간호에서 1면에 내세운 인물은 당시 인기 절정의 88올림픽 축구 감독 박종환이다. 스포츠서울의 창간준비 회의에서 '창간호 1면 기사 주인공은 무조건 박종환이어야 한다'는 합의가 반영된 것이었다. 그로부터 5년 뒤 새로 출범하는 스포츠신문의 1면에서는 프로야구의 간판스타 선동열이 주인공이

그림 10. 스포츠조선 창간호. 1990년 3월21일.
자료출처: 국립중앙도서관

었다. 길지 않은 시간이지만 가장 먼저 출범한 프로종목인 야구가 확실한 최고 인기 스포츠로 자리 잡았음을 상징적으로 보여주는 장면이라고도 할 수 있겠다. 스포츠조선의 창간호 톱기사에는 선동열과 함께 해태 타선의 핵심인 한대화도 시즌 종료 후 고향팀 빙그레로 떠난다는 내용이 담겨있다. 선동열, 한대화의 이름을 가판신문에 올려 독자들의 손길을 유혹한 것이다.

창간호에서 하나 더 눈길을 끄는 곳은 3면 창간사 아래의 '스포츠조선 이렇게 만들어집니다'라는 알림란이다. 스포츠조선이 우리나라에서는 최초로 원고지 없이 컴퓨터 시스템(CTS)을 통해 만들어지는 신문이라는 안내와 함께 "일찍이 1932년 조선일보는 우리나라에서 처음으로 스포츠 전문지 '스포츠조선'을 창간한 바 있습니다. 이제 새로운 상황의 요망에 따라 스포츠조선은 우리나라에서는 처음 등장하는 구미 스타일의 새로운 신문으로 다시 태어납니다"라고 밝혔다.

조선일보사가 1932년에 이미 스포츠전문 잡지 '스포츠조선'을 창간했다는 내용이다. 현재까지 알려진 바로는 1924년 발간된 '조선체육계'

가 국내 체육전문잡지의 효시이며, 이후로는 1933년 조선일보 운동부 기자였던 야구인 이원용이 최성면과 함께 창간한 또 다른 '조선체육계'가 해방 이전에 존재했던 스포츠 전문잡지의 전부다.

스포츠전문 잡지 스포츠조선에 관한 기록은 조선일보가 1927년 2월 창간한 한국 최초의 월간 시사잡지 '신조선'에 남아있다. 이 잡지는 5년이 지난 1932년 9월 1일자로 제3호가 속간됐는데 판권장이 있는 맨 마지막 면에 '조선 유일의 운동잡지' 스포츠조선이 9월 하순에 창간된다는 광고가 실려 있다(최덕교, 2004). 하지만 스포츠 전문지 '스포츠조선'의 실물은 지금까지 확인된 적이 없어 실제로 이 잡지가 창간됐는지는 알 수 없다.

창간초기에 스포츠조선은 '온가족이 함께 보는 스포츠신문'을 표방했고, 유럽스타일의 새로운 신문을 만들겠다고 했다. 창간호 3면에 실린 신동호 스포츠조선 사장의 창간사는 이 신문의 창간정신과 방향을 담고 있다.

> 스포츠조선이 태어났습니다.(중략) 세상은 숨 가쁘게 바뀌어져 가고 있으며, 학교에서도 미처 가르치지 않았고, 배우지 못했던 일들이 하루하루 엄청나게 쏟아져 쌓여가고 있습니다. 그러나 묵직하고 점잖은 기존의 종합일간지라는 그릇과 틀로써는 대중들이 바라는 새롭고 신나는 정보를 담지 못합니다. 그래서 현대의 삶은 자꾸 어긋나고 비뚤어지기 일쑤이며, 외롭고 소외된 계층의 가슴앓이는 심해져만 갑니다. 정치 열기에 시달리기도 진절머리가 나고 경제적 동물로 돈의 노예가 되기에는 우리의 가치관

이 매우 달라졌습니다.(중략) 이에 이름 없고 힘없는 대중들의 끓어오르고 피어나려는 열정을 새로운 문화 창조의 마당에 담고자 새 신문을 만들게 된 것입니다. 70년 역사의 전통에 빛나는 조선일보와 뿌리를 같이하되, 고목에 새 순이 돋아나듯 가치를 달리하고 꽃과 열매를 싱싱하고 맛 나는 것으로 맺게 하고자 합니다. 원고지와 펜을 쓰지 않는 최첨단 전산시스템인 CTS 제작으로 움직이는 세계의 오늘과 내일을 담고자 합니다.

웃고 즐기며 보는 가운데, 기쁨이 넘치고 활력이 샘솟는 교양오락지가 되고자 합니다. 우리는 이 신문을 2천년대를 향해 힘차게 자라는 젊은 세대는 물론, 온가족이 함께 볼 수 있도록 유익하고 재미있게 만들 것입니다. 우리나라와 사회를 소리 없이 떠받치고 있는 민초인 대중들이 사랑하고 즐길 수 있는 문화를 창조하고 인도하는데 스포츠조선은 앞장설 것입니다. 1990년 3월 21일(스포츠조선, 1990.03.21.).

창간사에서 밝힌 스포츠조선의 의지는 묵직하고 점잖은 종합일간지가 담지 못하는 신나는 정보를 담을 것이며, 정치와 경제를 떠난 새로운 가치관을 추구하는 대중들의 끓어오르고 피어나는 열정을 새로운 문화 창조의 마당에 담는 신문, 기쁨과 즐거움이 샘솟는 교양오락지로서 온가족이 함께 볼 수 있는 유익한 신문을 만들겠다는 것이다. 아울러 이 신문이 펜과 원고지를 쓰지 않는 컴퓨터 제작시스템(CTS)으로 만든다는 사실도 전했다.

하지만 이미 두 개의 스포츠신문이 굳건히 버티면서 시장을 양분하고 있는 상황에서 신생지가 선행주자들과 어깨를 나란히 하기는 쉽지 않은

일이었다. 스포츠조선은 창간 모토를 '온가족이 함께 볼 수 있는 스포츠
신문'으로 정하고 미국의 USA 투데이와 같은 대중지, 풍부한 사진과 그
래픽을 게재하는 신문을 지향하겠다고 했다. 그러나 이 같은 다짐과 계
획의 실천이 현실적으로 어려울 것이라는 분위기는 이미 창간 이전부터
내부적으로 논의되고 있었다. 스포츠조선 편집위원 이남규의 글이다.

> 당연히 일본의 스포츠신문이 참고가 되었으나, 지면장식 기법 등 몇 가
> 지를 제외하고는 큰 도움이 되지 않았다. 무엇보다도 일본과 우리의 풍토
> 가 달랐다.(중략) 그들은 우리로서는 도저히 받아들일 수 없는 성문화를 가
> 지고 있다. 일본 스포츠신문에서 스포츠 다음으로 중요하게 다루어지는
> 것은 섹스인 것이다. 이 섹스문제는 스포츠조선의 성격을 규정하는 데서
> 중요한 토의과제가 되었다. 우리 신문이 젊은 독자를 주 대상으로 해야 한
> 다면, 섹스는 더 적극적으로 다루어야 한다는 주장도 있었다. 물론, 판매
> 전략 면에서의 현실적인 고려도 강하게 제기되었다. 그러나 '온 가족이 함
> 께 볼 수 있는 스포츠신문'이 그것을 어디까지 다루어야 하느냐를 두고 많
> 은 논란이 계속되었다. 결국 이 문제는 모지인 조선일보의 이미지와. 스포
> 츠조선의 창간정신, 그리고 현실적인 고려를 토대로 편집자들의 양식에
> 맡길 수밖에 없다는 결론이 났다. 그리고 가능하면 가판과 가정 배달 판을
> 달리 제작하기로 했다. 이것은 일본의 스포츠신문들이 하고 있는 방식이
> 다. 일본 스포츠 신문들은 지하철에서 보고 버리는 가판에는 섹스지면을
> 넣고, 배달 판에는 그것을 다른 연예기사로 대체하는 방식을 취하고 있다
> (이남규, 신문과 방송, 1990.04 : 110-114).

가두판매용 신문과 가정배달용 신문을 다르게 제작하는 것, 이는 곧 선정성 경쟁을 의미했다. 즉 가판에는 외신이나 국내 연예행사에서 나오는 선정성 짙은 사진을 1면 등에 게재해 독자들을 유혹하고 가정 판에는 그 자리를 스포츠나 다른 연예기사로 바꿔넣는 방식이다. 가령 미국 스포츠전문잡지 '스포츠 일러스트레이티드'의 그해 수영복 특집 판이 나오면 그 중 가장 성적 호소력이 강한, 즉 선정적이고 도발적인 컷을 1면에 배치하고 가정 배달 판에는 이를 빼는 식이다. 인터넷과 스마트폰이 대중화된 요즘엔 훨씬 더 노골적인 장면이 많은 사이트를 얼마든지 찾아갈 수 있어 그 같은 방식으로 독자들을 유인할 수 없겠지만 당시로선 선정적인 사진 한 장이 실제로 가두판매에 영향을 주었다. 가두판매 총책임자가 신문사 판매국과 편집국에 전화를 걸어 상대지 보다 더 화끈한 사진을 실어달라고 압박하는 일이 벌어지기도 했다. 이른바 스포츠신문들의'벗기기 경쟁'은 결국 가판에서 선정성 짙은 만화와 성인물을 담은 '만화부록'을 끼워주는 과열경쟁으로 치달았다. 조선일보 90년사는 스포츠조선이 창간 3개월 만에 발행부수 60만부를 돌파했다며 성공요인의 하나로 별쇄 간지를 꼽고 있다.

1989년부터 준비해온 '스포츠조선' 창간작업이 완료돼 1990년 3월 21일 드디어 창간호를 발행했다. 이로써 조선일보는 70년 역사 이래 처음으로 일간지를 발행하는 자회사를 갖게 됐다.

스포츠조선 창간에 앞서 조선일보는 1월 3일자로 스포츠조선으로 대규

모 인사를 단행했다. 스포츠조선 대표이사 사장 겸 발행·편집·인쇄인에 조
선일보 부사장 신동호, 전무에는 조선일보 상무 송석준이 선임됐다.(중략)
스포츠조선은 기존 스포츠신문과는 전혀 다른 색깔로 독자들의 비상한 관
심 속에 별쇄 간지 전쟁에서 확고한 기반을 구축, 창간 3개월 만에 발행부
수 60만부를 돌파하는 비약적인 발전을 했다(조선일보사, 2010: 772).

스포츠조선이 당초 내세웠던 '온가족이 함께 보는 신문', '기쁨과 즐거
움이 샘솟는 대중오락지'라는 창간의지를 버리고 불과 한 달여 만에 기
존 스포츠신문을 따라잡기 위해 내린 선택은 16페이지에 달하는 타블로
이드판 별지인쇄의 '만화부록'이었다. 일간스포츠는 스포츠서울이 창간
될 당시 방심하고 있다가 많은 독자를 잃었던 쓴 경험을 되풀이하지 않
겠다며 단단히 무장했다. 후발지에 추월의 여지를 주지 않으려는 스포츠
서울 역시 마찬가지였다. 스포츠조선의 별지 만화부록이 가판대에서 인
기를 끌자 두 신문 역시 기존의 만화지면을 강화하고 똑같이 선정적이고
도발적인 내용을 담은 별지 부록을 인쇄해 가판시장에서 맞불을 놓았다.
결국 누가 먼저 시작했고 어디에 원죄가 있다는 논쟁은 무의미할 정도로
스포츠신문의 판매 경쟁은 낯 뜨겁고 저열한 방향으로 흘렀다. 두 신문
의 아성을 깨고 스포츠조선은 어떻게 해서든 설 자리를 찾아야 했다. 온
가족이 함께 볼 수 있는 스포츠신문을 대외적으로 표방했지만, 결국 이
는 지키기 어려운 공약이었다. 정해진 파이(시장)를 누가 더 많이 차지하
느냐를 두고 잘못된 길로 접어든 스포츠신문의 판매 경쟁은 '스포츠신
문은 선정적이다'는 등식을 만들었고 결국 스스로를 '황색 저널리즘'으로

전락시키는 결과를 낳았다.

　스포츠신문이 다음 날자 아침 신문을 전날 오전에 석간으로 찍어낼 정도로 무차별 경쟁을 벌이던 시기인 2001년 신동아 4월호에는 스포츠조선이 던진 연예면 특화와 만화지면 강화, 타블로이드판 만화부록이 스포츠신문 음란물 논란의 '원죄'가 됐다고 전했다.

　　86아시안게임과 88올림픽 같은 대형 국제경기를 잇달아 유치한 것도 큰 호재였다. 이런 분위기를 타고 1990년 3월 스포츠조선이 탄생했다. 스포츠조선은 연예면 특화와 만화 지면 강화로 승부수를 던졌다. 무분별한 연예 스캔들 기사와 대담한 노출사진, 타블로이드판 만화부록은 선정성 및 음란성 시비를 불러 일으켰다. 그렇지만 나머지 두 신문 또한 스포츠조선의 전략을 따라갈 수밖에 없었다. 무차별 판매 전쟁이 시작된 것이다(신동아, 2001년 4월호. 250-263).

　1990년 6월 27일 '한국신문윤리위원회'는 심의위원회를 열어 스포츠신문 연재만화에 외설성이 짙다고 규정했고, 7월 5일 회의를 통해 스포츠신문 만화 및 연재물이 신문의 품위를 떨어뜨리고 청소년에게 좋지 않은 영향을 미치며 일반 독자로 하여금 혐오감을 자아내어 사회적 지탄을 자초했다며 3개 스포츠신문을 공개 경고했다.

　신문윤리위원회의 경고 다음날인 7월 6일 기독교윤리실천운동본부 등은 성명을 내고 3개 스포츠신문사에 선정적이고 폭력적인 내용의 저질만화와 기사의 게재를 즉각 중단하라고 촉구했다(신문과 방송, 1990.12: 101-103).

　기독교성향 시민단체가 시작한 '스포츠신문 음란폭력성 시정촉구운
동'은 음란폭력성조장매체대책 시민협의회(음대협) 결성으로 이어졌고 이
후 음대협은 스포츠신문에 게재되는 만화와 사진, 연재물의 선정성과 폭
력성을 지속적으로 문제 삼으며 시정과 공개사과를 요구했다. 또한 광고
주 불매운동, 규탄집회, 검찰고발 등으로 실제적 대응을 했다. 음대협은
스포츠신문과 8년간 갈등을 이어가다가 결국 스포츠신문 대표이사, 편
집국장 등 제작자들과 만화가, 소설가 등을 검찰에 고발하기에 이르렀
다. 이후 검찰이 이들을 기소하면서 사법 분쟁으로 번졌다.

　　음대협(공동대표 손봉호 등 3인)이 지난 4월 3개 스포츠 신문 대표이사와 편
　　집국장 그리고 만화작가와 소설가 등 30여명을 미성년자보호법 위반 등의
　　혐의로 무더기 고발한 지 3개월여 만에 검찰이 이들을 기소하기에 이른 것
　　이다.(중략) 음대협의 고발을 접수한 서울지검 형사 1부(부장검사 윤종남)는 지
　　난 8월 1일 일간스포츠 박영길 편집국장, 스포츠 조선 이용호 편집국장,
　　스포츠서울 변우형 전 편집국장을 미성년자보호법 및 아동복지법 위반혐
　　의로 불구속 기소한 데 이어 3개 스포츠 신문 법인을 각각 벌금 500만원에
　　약식 기소했다. 또한 검찰은 스포츠신문에 연재물을 게재한 만화가 11명
　　을 미성년자보호법 위반 등의 혐의로 불구속기소하거나 약식 기소했으며
　　그 밖에 스포츠신문 발행인과 광고국장, 소설가 등 19명에 대해서는 기소
　　유예 처분했다(신문과 방송, 1997.09: 52-53).

음대협의 고발로 인해 스포츠신문에 관련된 만화가, 소설가, 기자 등이 검찰의 소환을 받았다. 음대협이 문제 삼은 대상은 만화뿐 아니라 광고, 소설, 칼럼, 심지어 해외토픽 사진에 까지 음란물의 잣대를 가져다 댔다. 이에 대해 신문편집인협회와 기자협회는 이를 언론자유와 표현의 자유에 대한 중대한 침해사건으로 지적하고 사법처리의 부당성을 지적하는 성명을 내며 사법당국을 규탄했다(이상우, 2010).

(1)스포츠신문은 성인을 주독자로 하는 신문임에도 미성년자보호법 등을 적용한 것은 억지다.(신문등록 요건에 어린이나 미성년자용으로 돼 있지 않았다. 더구나 미성년자 보호법은 1997년 7월 청소년 보호법이 공표되면서 사문화 되었다.) (2)문제를 삼은 만화, 연예인사진, 해외토픽 사진, 비디오 영화스틸, 광고 등은 신문윤리위원회, 언론중재위원회 등에서 정밀 심의를 하고 있으므로 이 자율기구에 맡겨야 한다. 검찰의 기소는 자율기구를 무시한 처사다. (3)검찰이나 고발자인 음대협이 문제 삼은 내용은 성인 기준의 외설이나 폭력물이 아니고 미성년자에 유해하다는 논리다. 그렇다면 이는 제작자의 문제가 아니고 유통구조의 문제다. 청소년에게 담배를 팔았다고 전매청을 기소할 수 있는가. (4)스포츠지의 수위는 인터넷, PC통신 등 수없이 많은 음란물과는 비교가 되지 않는다. 이는 일부 청교도적 종교인을 중심으로 한 결벽주의자들의 편견에서 비롯된 것으로 의심받는다. (5)회원사가 기소되고 발행인이 검찰 조사를 받고, 회원사 편집국장 등이 기소되는 초유의 사태가 일어났는데 신문협회가 침묵을 지키는 이유가 무엇인가. 검찰은 즉각 공소를 취하해야 한다(이상우, 2010: 188).

결국 이 사건은 1999년 1월 결심공판에서 검찰이 방학기, 박봉성, 강철수 등 만화가 14명과 스포츠신문사 간부 3명에 대해 벌금 300만~500만원, 징역 1년~1년 6개월을 구형하기에 이르렀다. 음대협은 검찰이 실형을 구형한 것만으로도 스포츠신문이 '청소년 유해환경 덩어리'라는 평가는 충분히 이뤄졌다며 최종적인 승리를 낙관했다.

그러나 만화가 등과 3개 스포츠신문은 적용 대상이 된 미성년자 보호법과 아동복지법의 불량만화 판매금지 조항이 헌법에 위배된다며 위헌제청신청을 냈고 헌법재판소는 2002년 2월 28일 위헌 결정을 내렸다. 헌법재판소는 "불량만화를 음란성 또는 잔인성을 조장할 우려가 있는 것으로 정의한 미성년자 보호법 제2조와 아동의 덕성을 심히 해할 우려가 있는 도서 등을 판매하지 못하도록 한 아동복지법 제18조는 모호하고 막연한 개념을 사용함으로써 적용 범위를 법 집행기관의 자의적 판단에 맡기고 있어 죄형법정주의의 명확성의 원칙에 위배된다"고 밝혔다(동아일보, 2002.02.28).

이에 따라 서울지법 형사 12단독 윤현주 판사는 2002년 4월 17일 방학기, 박봉성, 강철수 등 14명의 만화가와 3개 스포츠신문사 간부들에 대해 공소기각을 결정했다. 이는 헌법재판소가 "불량만화의 개념이 너무 자의적"이라며 미성년자보호법과 아동복지법의 불량만화 판매금지 조항을 위헌이라고 결정한데 따른 것이다. 윤 판사는 "처벌의 기준이 되는 법률 조항에 대해 위헌결정이 내려진 뒤 검찰 측에서 공소를 취소했기 때문에 재판을 계속할 이유가 없다"고 밝혔다(국민일보, 2002.04.27).

음대협과 스포츠신문이 벌인 사법전쟁은 결국 음대협이 무리하게 법 조항을 적용해 스포츠신문을 압박한 것으로 결론을 맺었다. 스포츠신문 제작자들과 만화가들의 유·무죄에 대한 판단 없이 사건은 종료되었지만 10년 여 동안 계속된 갈등은 스포츠신문에 실제적 타격을 입혔다. 일부 광고주들이 음대협의 압력을 받아 스포츠신문과 광고 계약을 하지 않거 나 철회하기도 했고 스포츠신문은 황색 저널리즘의 대표적 매체라는 부 정적 이미지가 일반 독자에게 깊이 각인되는 결과를 낳았다. 스포츠 발 전과 대중문화 선도에 앞장선다는 초기 스포츠신문의 창간정신은 심각 하게 퇴색됐고, 결국 스포츠신문의 위상은 전체 언론계에서도 현저히 추 락하는 계기가 됐다.

4. '스포츠신문 삼국지'시기의 스포츠지 주요 보도

스포츠서울의 탄생으로 양대 신문의 경쟁이 시작된 1985년부터 스포 츠 투데이가 창간되기 직전인 1998년까지 시기에는 1986 서울 아시안 게임, 1988 서울 올림픽, 1991 지바 세계탁구선수권대회, 1992 바르셀로 나 올림픽, 1996 애틀랜타 올림픽 등의 굵직한 대형 스포츠 대회가 이어 졌다.

일간스포츠와 스포츠서울의 양대 신문 경쟁체제가 이뤄진 이후 가장 큰 스포츠행사는 1988 서울올림픽이다. 당시 신문들은 '단군 이래 최대 행사'라는 표현으로 서울올림픽을 강조했다. 9월 17일부터 10월 2일까지 열린 서울 올림픽은 한국스포츠의 진화 및 발전에 획기적인 전기였을 뿐 아니라 스포츠 산업, 스포츠 마케팅 분야에서도 비약적인 발전을 이 끈 촉매제였다. 서울 올림픽을 통해 개발도상국 한국은 세계 속에 편입 되었음을 선언할 수 있었고, 국내 스포츠계 또한 세계화 국면에 첫 발을 내딛게 됐다. 스포츠계의 발전과 스포츠산업의 폭발적 성장, 스포츠 뉴스에 대한 독자의 관심 증폭 등은 연쇄반응을 일으켜 스포츠신문의 수입 증대로 직결됐다.

1988 서울 올림픽 당시엔 스포츠신문 뿐만 아니라 일반 종합지들도 스포츠부 파견인원을 늘리고, 특집면을 가동하며 올림픽 보도에 거의 모든 역량을 쏟아 부었다. 극히 일부 신문만을 제외하고는 올림픽 소식을 거의 매일 1면에 실었고 회사마다 차이가 있었지만 매일 4~6면씩, 평균 6면 정도의 증면으로 올림픽을 다뤄 '올림픽 신문'이라는 비판도 받았다. 스포츠 전문 일간지들인 일간스포츠와 스포츠서울은 더 말할 것도 없었다. 서울 올림픽 개막 이전부터 일찌감치 특집 체제를 갖췄고, 대회 기간 중에는 매일 증면을 통해 스트레이트와 특집 기사를 전했다.

성공적인 올림픽 개최라는 찬사에 걸맞게 신문보도도 대회 운영에 대한 전반적인 칭찬과 한국 선수들의 눈부신 성적에 초점이 맞춰졌다. 대회가 끝난 뒤 월간 '신문과 방송'이 돌아본 1988 서울 올림픽 취재보도 결산에서는 우리나라 선수들과 우리가 획득하는 메달에 대한 지나친 집착, 변정일 선수의 복싱 판정에 대한 불만과 항의 사태 그리고 이를 한 시간 동안 생중계한 미국 NBC TV방송에 대한 불만, 미국 수영 선수들의

그림 11. 일간스포츠 1988년 9월17일
자료출처: 국립중앙도서관

절도사건 등으로 확산된 반미감정, 소련을 위시한 사회주의 국가에 대한 편중된 관심 표시, 실속 없이 과다한 증면 등이 생각해볼 거리로 제시됐다(신문과 방송, 1988.11: 10-13).

일간스포츠는 1988 서울 올림픽 개막일 다음날 아침 신문에 세계적인 비디오 아티스트 백남준의 기고를 통해 분위기를 전했다. '장엄하다, 훌륭하다, 만점이다'라는 제목의 기고문에서 백남준은 "장하다. 우리나라 사람만이 해낼 수 있는 크낙한 굿판이 아니었던가. 주위에서는 테러가 난다느니, 데모가 난다느니 하고 떠들었고 '불안과 공포의 올림픽'이라고 표현하기도 하였다. 내가 제작한 TV쇼 '세계와 더불어'를 위성중계를 통해 시청한 미국인들은 백남준이가 한국 선전을 너무 했다(뉴욕 타임스)고 비판했었다. 훌륭한 개회식을 보고 내 마음이 이토록 후련한 것은 웬일일까. 서울 올림픽은 이미 성공했으며 미국인들이 떠들어댄 우려는 이제 쓸모없는 것들이 돼 버렸기 때문일까"라며 한국인으로서 그간 가졌던 울분과 서러움, 그리고 성공적인 올림픽 개회식 이후의 자부심을 토해냈다.

1988 서울 올림픽에는 사실 서구의 우려 어린 시각이 깊이 깔려 있었다. 전두환 정부는 글로벌 메가 스포츠 이벤트를 주최하면서 긍정적인 국가 이미지를 심고, 미디어를 통해 이를 관리하고자 했다. 더 나은 정치적 발전을 요구했던 광주시민들에게 총부리를 겨눈 잔인한 인권파괴 상황에서 한국이 올림픽을 개최하는 것 자체로도 국제적인 우려를 살만 했다.

개막식에 이어 한국선수들의 눈부신 활약이 지면을 덮었다. 한국은 올림픽을 앞두고 노메달이 나올 수도 있다는 지나치게 신중한 분석까지 나왔지만 예상을 깨고 금메달 12개, 은메달 10개, 동메달 11개로 소련, 동독, 미국에 이어 종합 4위에 오르는 예상 밖의 선전을 펼쳤다.

전병관이 한국역도 32년만의 쾌거인 첫 올림픽 은메달을 따냈을 때 일간스포츠는 "작은 고추가 매웠다. 체중의 4배를 들어 올리는 천부의 역사"라고 칭찬했고, 레슬링 그레코로만형 74kg급에서 김영남이 한국선수단의 첫 금메달을 따냈을 때는 "어린 시절부터 칡뿌리 같이 파고드는 가난 속에 허기진 배를 쥐어가며 직경 9m의 매트 위를 뒹굴었다"고 했다. 김영남이 칡뿌리를 먹고 자랐다는 이야기는 기사에 없지만 제목에선 '칡뿌리 먹고 자란 오뚝이'가 됐다. 대회 말미에 김수녕이 양궁 개인전과 단체전에서 2관왕에 올랐을 때는 '청소원의 딸, 양파 먹고 해냈다'는 제목으로 어려웠던 집안 형편을 부각시켰다. 서울, 부산, 충청도를 전전하며 부모를 따라 4번이나 전학을 다닌 사연, 형편이 넉넉지 못해 고기는 못 사먹이고 머리에 좋다는 양파를 많이 먹였다는 어머니의 말과 김수녕의 IQ가 139라는 내용 등은 전 국민의 가슴을 울렸다. 작은 고추, 칡뿌리, 양파 등 신체의 왜소함이나 가난을 상징하는 음식물을 동원하는 신파조의 기사는 1986년 서울 아시안게임에서 육상의 임춘애가 '라면만 먹고 달렸다'는 과장된 보도의 분위기가 그대로 남아 있기 때문인 듯싶다.

해외 스타들에 대한 보도가 부족했다는 비판을 받았지만 남자 육상 100m에서 캐나다의 벤 존슨이 미국의 칼 루이스를 제치고 9초 79로 세계신기록을 거두며 우승하는 놀라운 장면은 9월 25일자 두 스포츠신문의 1면을 장식했다. 그러나 이틀 뒤 나온 벤 존슨의 금지약물 복용 사실이 충격적으로 전해졌고, 국제올림픽위원회(IOC)가 그의 기록을 무효화한다는 올림픽사의 일대 사건이 역사의 기록으로 남았다. 일간스포츠는 벤 존슨이 도망가듯 출국했다고 전했고, 스포츠서울은 벤 존슨의 선수생명이 끝났다고 했다. 9월 30일자 두 신문에 소개된 여자 핸드볼의 결승전 우승 소식은 '한국 스포츠 최대경사'(스포츠서울), '드디어 그대들, 한국 구기사를 바꿨구나'(일간스포츠)라는 찬사를 받았다. 여자핸드볼이 LA 올림픽 은메달에 이어 올림픽에서 2연속 메달을 따는 '신화'를 썼다고 했다.

대회가 끝난 뒤에는 국내 취재 기자들의 방담이 이어졌고, 외신 기자들의 별도 좌담도 전해졌다. 올림픽 사상 최다 160개국이 최다 참가했고 최고성과를 낸 한국민의 자긍심을 키웠다는 내용, 서울 올림픽이 동구권과의 외교 물꼬를 트는 계기가 됐고 서울은 국제적인 도시로 떠올랐다는 내용이 국내 기자들의 평가였고, 미국·프랑스·일본·인도의 스포츠전문 기자들이 진행한 좌담회에서는 올림픽을 희망하는 저개발 국가에 희망을 심어주었으며, 분단국으로서 본때를 보여주었고, IOC가 벤 존슨의 금메달을 박탈함으로써 서울 올림픽 최대 이벤트를 무효화시키며 금지약물에 대한 강력한 의지를 보였다는 의견이 오갔다(일간스포츠, 1988.10.03).

1988 서울 올림픽에 대한 언론의 보도는 찬사 일색이었다. 정권의 안보를 위해, 국민적 합의가 이뤄지지 않은 상태에서 유치되고 준비된 올림픽이라는 비판이 일었지만 막상 세계인의 잔치가 눈앞에 펼쳐지는데 대해 전 국민이 흥분하고 환호했고, 언론도 과다할 정도로 올림픽에 모든 것을 쏟아 부었다. 유일하게 증면을 하지 않은 신문이 한겨레신문이었고, 다른 종합지들이 16일 동안 거의 매일 올림픽 소식을 1면 톱으로 실을 때 한겨레신문은 5차례 1면 배치에 그치면서 일반 기사를 더 많이 실어 가판에서 올림픽에 식상한 독자들의 호응을 받았다(신문과 방송, 1988.11: 10-13).

1988 서울 올림픽 개최를 계기로 자신감을 얻은 노태우 정부의 강한 의지는 1990년대 활발한 남북 스포츠 교류의 원동력이 됐다. 1990 베이징 아시안게임 기간 중 평양과 서울을 오가는 남북통일축구가 성사됐고, 1991년 지바 탁구 세계선수권대회에 남북한 단일팀 구성이 전격 합의됐다. 활발한 스포츠 교류를 통해 남북한이 민족의 동질성을 회복하고 평화 분위기가 확대되면서 머잖아 통일이 오리라는 희망을 갖게 해준 시기다. 스포츠에서 피어난 평화의 열기는 1993년 북한이 핵확산 방지협약을 탈퇴하면서 중단됐다.

1990년 평양에서 개최된 통일축구 1차전에는 남측에서 이회택 전 국가대표 감독이 평양으로 올라가 40년 전에 헤어진 아버지를 만나는 감격적인 이산가족 상봉이 성사됐다. 일간스포츠와 스포츠서울이 서로 다른 시기에 특종보도를 했던 이회택 감독 부자 상봉 스토리는 또 한 번 국민들의 심금을 울렸다. 1991년 지바 세계탁구 선수권대회는 치밀한 준비를 거쳐 한 달 동안 일본에서 남북한 단일팀이 합동 훈련을 개최하며 팀워크를 맞췄고, 결국 여자 단체전에서 현정화, 홍차옥, 리분희, 유순복 등이 '마녀' 덩야핑이 버티는 중국탁구의 16년 만리장성을 깨는 역사적 쾌거로 이어졌다. 일간스포츠와 스포츠서울은 남북한의 교류를 '한마음 남과북', '코리아 남매', '하나된 코리아', '코리아 남매', '통일 탁구 - 우리는 하나', '핑퐁 통일'등의 표현으로 응원했다.

1992년 바르셀로나 올림픽에서는 여자 핸드볼, 여자 양궁의 금메달 2연패가 빛났고, 황영조가 마라톤에서 금메달을 따 1936년 베를린 올림픽에서 일장기를 달고 뛸 수밖에 없었던 손기정의 한을 풀었다. 1992년 8월 11일자 일간스포츠는 '일장기의 한 이제야 풀었다'는 제목으로 현지에서 황영조의 쾌거를 지켜본 손기정의 소감을 전했다. 두 신문은 "국민의 한 풀어드려 기쁘다"는 황영조의 말을 전했다(일간스포츠·스포츠서울, 1992. 08.11). 일제강점기 시절 조국을 빼앗긴 비운의 마라토너 손기정이 56년 만에 후배의 두 발에 의해 다시 금메달을 따는 장면은 '민족의 한'을 풀어내는 씻김굿으로 여겨졌다. 항일 민족주의 이데올로기가 내재된 기사지만, 한민족이라면 누구나 공감할 가슴 뭉클한 장면이었다.

1990년대 중반 이후로는 박찬호, 박세리가 스포츠신문의 1면의 단골이었다. 1994년 박찬호의 메이저리그 LA 다저스 입단 특종 보도(스포츠서울)는 전 국민을 놀라게 한 메가톤급 뉴스였다. 1998년 혜성같이 등장한 신인 박세리는 미국여자프로골프(LPGA)에서 권위 있는 두 메이저대회인 LPGA 선수권과 US여자오픈 선수권을 연속 석권하는 쾌거를 이뤘다.

 IMF 외환위기로 국가경제가 크게 흔들리면서 고통을 겪던 국민들은 1998년 당시 박찬호의 메이저리그에서 맹활약과 US여자오픈에서 '맨발의 투혼'으로 우승한 슈퍼스타 박세리의 LPGA 투어 성적에 열광하며 위안을 받았다. 박찬호와 박세리는 가판에 크게 의존하는 스포츠신문의 1면에 자주 등장한 단골 스타였다. IMF 외환위기 여파로 고단한 삶을 살던 국민들에게 박찬호와 박세리의 활약상은 언제나 든든한 활력소가 됐다. 그들은 전국민 모두에게 영웅이었다. 박찬호와 박세리의 경기가 있는 날이면 국민들은 TV 앞에 몰려들었고, 시차에 따라 새벽잠을 설치는 것도 마다하지 않았다. 스포츠신문들은 엄연히 개인의 도전을 펼치고 있

는 두 선수에게 '대한 찬호', '태극 낭자'와 같은 대한민국 국가대표라는 의미를 부여했고, 스포츠팬들은 이들의 활약에 자신의 성취를 동일시하는 대리만족을 느꼈다.

 박찬호가 등판하는 날이면 신문의 제목은 '다저

그림 12. 스포츠서울 1995년 1월 28일
자료출처: 인터넷 캡처

스의 운명 박찬호 어깨에', '한인의 자존심도 마운드에 우뚝' 등으로 국가적 영웅 박찬호가 마치 대한민국과 한민족의 영광을 위해 공을 던지는 것으로 묘사했다. 박세리가 1998년 5월 LPGA 챔피언십에서 첫 우승을 메이저 타이틀로 따냈을 때 일간스포츠와 스포츠서울은 각각 '월드스타 큰 걸음, IMF 시름 날린 쾌거', 'IMF, 더위에 찌든 국민에 용기와 희망 선물'로 표현했다. 이즈음 박찬호와 박세리는 더 이상 개인이 아니었다. 스스로에게 지워진 짐을 거부할 수 없는 두 스타들도 자신의 활약이 곧 국민의 기쁨과 연결된다는 사실을 인식하고 경기에 나설 수밖에 없었다. 박세리는 US여자오픈에서 우승한 뒤 인터뷰에서 두 번째 메이저 타이틀을 딴 질문에 "처음엔 아무 생각도 안 났다. 너무 기쁘다. 우리나라가 어려운 처지에 있는데 내 승리가 국민에게 조금이나마 위안이 됐으면 한다"고 말했다(스포츠서울, 1998.07.08).

박찬호의 메이저리그 진출, 박세리·김미현·박지은 등의 LPGA 활약은 더 큰 무대, 미국 프로스포츠에 대한 국민의 관심을 증폭시켰다. 국내 프로스포츠의 출범으로 인해 자본주의의의 핵심 키워드인 돈, 프로스포츠 스타들의 연봉에 집중하는 기사가 늘어났고 박찬호, 박세리 등의 미국 무대 진출 이후 배금주의 성향의 보도는 대세를 이루게 됐다.

스포츠서울은 박세리가 US여자오픈에서 우승한 다음날인 1998년 7월 8일자 1면에 'US오픈 투혼 우승 박세리, 150억 돈방석'이란 제목의 기사에서 상금과 CF 모델료를 포함해 150억 원의 수익을 올릴 수 있게 됐다고 전했다. 일간스포츠는 박세리가 US여자오픈에 이어 '제이미 파

그림 13. 스포츠서울 1998년 7월 8일
자료출처: 국립중앙도서관

크로거 클래식'에서 2주 연속 우승하자 '박세리, 최단기간 100만 달러'라고 기사 제목을 뽑고 "현재 64만 달러 상금을 번 박세리가 카리 웹(호주)의 최단기간 100만 달러 돌파 기록을 깰 것"이라고 예고 기사를 썼다. 박찬호가 메이저리그로 진출할 때도 스포츠서울은 1994년 1월 9일자 보도에 '박찬호 몸값 10억'이라고 소개해 당시 무명의 대학선수가 특급 대우를 받고 LA 다저스에 입단한다는 사실을 강조했다. 이후 박찬호의 연봉과 이적료, 특급 활약을 펼쳤을 때 한 해 수입 등을 조명하는 기사가 주요 기사 메뉴로 이어졌다.

박찬호와 박세리에 부과된 한국 국가대표 이미지는 스포츠와 민족주의가 결합한 스포츠 민족주의의 전형이다. '세계무대에 우뚝 서 특급 활약을 보여주는 한국인 스타'를 치켜세우는 스포츠민족주의는 스포츠영웅을 1면에 내세워 판매부수를 올리려는 신문들과, 그들의 이미지를 이용해 수입을 높이려는 기업들의 욕망과 만나 상업적 스포츠 민족주의로 변모했다.

1980년대 초반 전두환 정권의 정책에 따라 일제히 출발한 각 종목의 프로스포츠는 1990년대 들어 발전의 기틀을 다졌다. 스포츠미디어를 통해 '보는 스포츠'가 발전했고, 언론사의 상업주의 및 영웅주의가 강화됐다. 스포츠신문의 관심사도 자연스럽게 프로스포츠의 경기 결과나 유명 선수들의 주변 이야기 등으로 옮겨졌고, 아마추어 스포츠에 대한 관심은 상대적으로 줄어들게 됐다. 스포츠신문의 취재부서도 야구, 축구 중심으로 개편됐고 이 두 핵심종목을 중심으로 농구, 배구, 골프 등 프로스포츠 종목과 비인기 아마추어 종목을 담당하는 팀제로 정리됐다. 스포츠신문의 지면 구성도 1면부터 시작해 야구, 축구, 농구, 배구 등 인기 프로종목이 앞쪽으로 고정 배치됐고 아마추어 스포츠를 다루는 일반스포츠 면은 아주 적은 지면을 할당받으며 뒤로 밀려났다.

서서히 진행된 프로스포츠와 아마추어 스포츠의 불균형이 완전히 일방적으로 프로스포츠 쪽으로 기운 것을 확인할 수 있는 실례가 전국체육대회다.

해마다 전국체육대회가 열리는 10월이면 스포츠신문들은 사진기자를 포함해 10명에 가까운 인원으로 특별취재반을 꾸리고, 2~3개 면을 할애해 '전국민의 스포츠 축제' 전국체전을 집중보도 했다. 그러나 프로스포츠의 인기가 상승하면서 프로야구, 프로축구의 포스트시즌과 겹치는 시기에 열리는 전국체전에 대한 국민적 관심도는 서서히 떨어졌다. IMF 외환 위기와 2000년대 초반 글로벌 금융 위기 이후 스포츠신문의 구조조정 진통이 있고난 뒤에는 각 신문사마다 '선택과 집중'을 이유로 프로스포츠 위주로만 인력과 지면을 배치하는 관행이 굳어졌다.

5. 갈무리

스포츠서울 창간은 단순히 하나의 스포츠신문이 새로 등장했다는 사실을 넘어 신문의 대중화 시대를 열었다는 큰 의미로 이어진다. 국내 최초의 전면 가로쓰기 편집과 한글 전용 신문은 한국 언론사에 남긴 신기록이다. 새로운 형태의 야구 기록지 '땅표', 이를 바탕으로 한 주관적 스타일의 스트레이트, 취재기자들의 방담 등이 신선감을 더했고 방학기, 강철수 등 인기 작가들의 청춘 만화와 선명한 컬러 인쇄를 통한 생생한 스포츠 사진, 시원스럽게 노출한 여배우들 위주의 컬러 화보 등이 독자들의 호응을 얻었다. 여기에 가판 판매율을 장악하기 위한 덤핑전략을 펼친 것도 스포츠서울이 비약적인 성장을 할 수 있었던 중요한 계기가 됐다.

스포츠서울의 탄생에 정치권의 지원이 깔려 있었다고 하지만 획기적인 가로쓰기 편집과 한글전용 신문의 성공은 경쟁지인 일간스포츠는 물론, 다른 일반 종합지들의 가로쓰기 편집을 연쇄적으로 유도했다. 교과서와 전문 및 대중서적, 잡지 등이 모두 한글 가로쓰기로 편찬되고 있을 때에도 세로쓰기 편집과 한문 혼용을 버리지 않던 신문사들의 아집은 스포츠서울의 유연한 편집을 참고삼아 재빠르게 가로쓰기와 한글 전용 또는 국한문 혼용 방식으로 제작방향을 전환했다. 탄생 초기인 근대부터 신문은 지식인들의 전유물로 여겨졌다. 한문을 읽지 못하면 신문 내용을 파악할 수 없었다. 1980년대 중반까지도 무릇 지식인들이 읽는 신문은 세로쓰기, 그리고 국한문 혼용으로 제작돼야 한다는 고집스러움이 지배적으로 작용하고 있었다. 그러나 스포츠서울이 던진 과감한 변화는 신문 업계에 연쇄 파장을 일으켰고, 이는 곧 한문을 모르는 신세대나 교육수 준이 낮은 노동자와 서민들도 신문을 쉽게 읽고 정치권 및 사회 변화에 대해 생각하고 행동할 수 있는 지식과 정보 취득의 바탕을 마련하는 결 과로 이어졌다. 일부 계급의 전유물로 여겨지던 신문은 전면 가로쓰기와 한글전용을 계기로 대중화를 이뤘고, 스포츠신문은 그 기초를 제공했다.

신문의 대중화에는 지하철 가판 조직의 성장도 기여했다. 1974년 서 울 지하철 1호선 개통에 이어 1984년에 순환선인 2호선이 완공되면서 지하철로 출퇴근하는 시민들이 폭발적으로 증가했다. 시민들은 출퇴근 시간의 무료함과 고됨을 달래기 위해 자연스럽고, 당연하게 가판대에서 신문을 사 읽었다. 스포츠신문은 가판대의 강자였다. 일반 종합지는 가 정과 회사, 단체에서 정기적으로 구독하는 게 일반적이었기에 가판대에 서는 주로 부담 없이 재미있게 읽을 수 있는 스포츠신문이 소비됐다.

시민들은 지하철을 타면 자연스럽게 신문을 읽는 습관을 갖게 됐고, 그 중에서도 출퇴근 시간이 지루하지 않도록 스포츠신문을 선택하는 경 우가 많았다. 반복되는 일상에서 시민들의 머릿속에서는 딱딱하고 무거 운, 한편으로는 역겹고 반감마저 생기게 하는 정치권 뉴스와 각종 사건· 사고 소식 보다는 가볍게 읽고 에너지를 얻을 수 있는 스포츠 및 연예· 오락·취미 관련 정보를 찾게 됐다. 집안과 회사에서 국가와 사회를 걱정 하며 정독하던 지식인들의 전유물 개념의 신문 이미지는 지하철이나 버 스에서 선택할 수 있는 가벼운 읽을거리로 확장됐고, 시민들은 지하철을 타면 스포츠신문을 사 읽으며 자신도 모르는 사이 정치 및 사회문제 관련 이슈에 둔감해졌다.

이렇듯 정부가 의도했든 의도하지 않았든 스포츠신문 구독은 대중의 일상생활에서 일종의 학습된 취향 즉 아비투스를 형성하였고, 기존의 신문구독자들에게 없었던 흥미 위주의 취향이 구조화되었다. 즉 정부의 의도를 반영하는 신문지면의 계획된 문화지향성은 일종의 획득된 문화자본으로서 지배를 강화하는 수단으로 작용되었다(피에르 부르디외, 2006: 279).

스포츠서울 창간은 전두환 정부의 스포츠 정책과 언론 정책이 결합한 상징적 결과물이었다. 언론 통폐합에 이은 언론기본법으로 언론에 재갈을 물리고, 새 신문 창간을 허락하지 않던 정부가 유일하게 스포츠서울 창간을 지원한데는 제5공화국 문화정책의 줄기라고 할 수 있는 3S 정책이 밑바탕이 됐다. 박정희 정권이 지원했던 1960년대의 국내 최초 스포츠 일간지 '일간스포츠신문'과 다른 점이 바로 이 것이다.

박정희 정권은 국위선양과 국민들의 볼거리 제공차원에서 스포츠를 지원했다. 스포츠와 국가가 결탁하긴 했지만 이는 다른 독재국가와 다를 바 없는 초보 수준의 스포츠 국가주의였다. 그러나 전두환 정권은 '86·88'로 대변되는 아시안게임과 올림픽을 잇달아 유치했고, 개발도상국으로서는 유례가 없는 프로스포츠의 집단적 출발을 지원했다(정희준·김무진, 2011: 101-115). 폭압적으로 정권을 탈취한 독재정부로서는 스포츠와 농도 짙은 선정적 영화 등으로 국민의 눈길을 돌리고자 했고, 이를 뒷받침할 대중매체가 필요했다.

스포츠서울은 프로스포츠의 상업성을 견제하며 적극적으로 보도하는 데 주저하고 있던, 한편으로는 독주 신문으로서 콧대가 높았던 일간스포츠와 달리 처음부터 프로스포츠에 집중했다. 이는 두 신문의 뜨거운 경쟁으로 이어져 결국 프로스포츠, 그 중에서도 특히 프로야구가 초기에 많은 팬을 확보하고 연착륙하는데 기여했다. 이후 프로스포츠와 연예뉴스를 놓고 경쟁을 벌인 두 스포츠신문의 영역확장으로 이전까지 대중지의 대세를 이뤘던 주간 잡지들이 힘을 잃었고, 결과적으로 스포츠신문은 더욱 전성기를 누리게 된다. 일간스포츠와 스포츠서울은 한국 스포츠 발전의 전환점인 1988 서울올림픽을 계기로 더욱 폭발적인 성장을 이뤘다. 이때 기지개를 켠 스포츠산업의 발전 여파로 이후 스포츠조선이 가세한 1990년대 중반 이후까지도 스포츠신문은 지속적으로 성장을 이어갔다. 3개 스포츠신문은 스포츠와 연예 뿐 아니라 레저 뉴스 지면을 확대해 주말에 즐길 거리와 레저 스포츠 관련 소식을 확대함으로써 레저산업의 성장도 이끌었다.

1990년대 3개지가 안정적으로 시장점유율을 확보하면서 스포츠신문은 소위 황금기라고 일컫는 '삼국지 시대'를 맞았으나 빗나간 경쟁의 산물인 가판용 타블로이드판 만화부록이 선정성, 음란성 비판에 직면하는 결과를 낳았다. 이후 시민단체가 스포츠신문에 게재되는 만화 등을 음란물로 규정하고 신문 제작자 및 만화가 등 관련자들을 검찰에 고발하는 사태로 이어졌다. 재판은 시민단체와 검찰이 음란물 규정 근거로 삼았던 미성년자 보호법이 헌법이 정한 표현의 자유를 억압한다는 위헌 판결에 따라 중도에 종료됐다. 3개 스포츠신문 전·현 편집국장과 만화가 등이 대거 기소됐던 음란물 파문은 승자와 패자 없이 종료됐으나 결과적으로 스포츠신문의 위상과 이미지는 이 기간에 크게 떨어졌다.

V. 무한 생존 경쟁기

스포츠지 3사의 황금 분할구도가 1999년 창간된 스포츠투데이의 도전으로 깨진 뒤 무료신문 열풍에 의해 스포츠신문들이 밀려나기 시작한 이후 현재까지 스포츠신문의 '무한 생존경쟁기'가 이어지고 있다.

오래 전부터 언론계 종사자들의 머릿속에는 '신문은 망하지 않는다'는 신문불패, 대마불사의 속설이 신앙처럼 존재했다. 그러나 과포화 상태에서 힘겹게 버티던 스포츠신문들이 잇따라 폐간되면서 신문도 망한다는 엄연한 현실을 뼈저리게 체감해야 했다. 스포츠신문의 삼국지가 잠시 지속되다 1999년과 2001년에 스포츠신문 2개가 연달아 등장했다. 5개 스포츠신문이 생존을 대전제로 다투던 기간은 3년을 넘기지 못했다. 1990년대 말 IMF 외환위기에 이어 2000년대 초반 무료신문 등장의 여파로 신문의 광고 및 판매시장이 크게 위축된 가운데 스포츠신문들은 결국 파산에 이르게 됐다.

굿데이, 스포츠투데이의 도산은 무료신문으로 인한 판매부수 감소에 이어 필연적으로 뒤따른 광고수익의 급감이 가장 큰 원인이었다. 기세 좋게 달려들었던 후발지 2개사가 사멸한 이후 스포츠신문 시장은 이전 과는 완전히 다른 모습으로 재편됐다. 기존의 스포츠신문들은 대대적인 구조조정을 통해 인력을 축소했고, 신생 스포츠신문은 처음부터 그 규모 를 과거 전성기 시절 스포츠지 3사의 절반 이하로 줄여 출범했다. 스포츠 신문 숫자는 늘었으나 매출이나 광고수익 등 시장은 과거 절정기와는 비 교하기도 힘들게 됐다.

새 천년을 맞아 스포츠계는 비약적으로 발전하고 있다. 한국 체육사 의 한 페이지를 장식할 2002 한·일 월드컵 축구대회, 2002 부산 아시안 게임, 2014 인천 아시안게임, 2018 평창 동계올림픽 등 메가 스포츠 이 벤트의 국내개최가 이어졌다. 프로스포츠가 종목별로 성숙단계에 이르 면서 스포츠산업의 성장이 또한 두드러졌고, 국제 경쟁력을 키운 선수들 의 해외 리그 진출로 팬들은 글로벌 스포츠 시대를 만끽하고 있다.

1990년대 말부터 야구 선수들이 지속적으로 미국으로 진출하면서 국 내 팬들의 메이저리그에 대한 관심은 부쩍 고조됐고, 월드베이스볼클래 식(WBC) 등 잇단 국제대회와 2008 베이징 올림픽 금메달로 국내 프로야 구의 수준과 인기가 한 단계 이상 상승했다. 프로야구는 바야흐로 800만 관중시대를 열면서 스포츠산업 면에서도 정점에 서게 됐다.

축구에서도 2002년 한일월드컵 이후 우수한 선수들이 잉글랜드 프리 미어리그 등 유럽의 빅리그로 나가면서 팬들의 글로벌 스포츠에 대한 관 심은 더욱 뜨거워졌다. 1990년대 말 박세리, 박지은, 김미현 등이 지핀

LPGA 투어 진출 러시는 이후 박인비를 비롯한'세리 키즈'의 '코리언 침공'이란 말을 만들어낼 정도로 센세이션을 일으켰다.

인터넷 기술의 발전은 미디어 기술의 발전으로 이어지면서 스포츠미디어계의 질서와 환경을 근본적으로 바꿔놓았다. 글로벌 스포츠 이벤트에 대한 팬들의 관심이 증폭되면서 스포츠 신문들도 마치 방송처럼 온라인·모바일 홈페이지와 포털 사이트를 통한 실시간 보도, 속보경쟁을 할 수밖에 없는 환경으로 변했다. 기자들의 근무환경도 함께 변했다. 아침에 침대에서 눈을 떠 늦은 밤 잠자리에 들기 전까지 집과 사무실, 카페 등 어디에서나 24시간 근무태세를 갖춰야 하는 시대가 됐다.

이 장에서는 과포화 경쟁 속에 굿데이, 스포츠투데이가 무료신문에 밀려 폐간하는 혹독한 시련을 겪은 이후 규모를 대폭 축소한 스포츠경향, 스포츠월드, 스포츠동아 등이 가세해 새로운 환경으로 재편되는 스포츠신문계의 변화를 고찰하였다.

1. 스포츠투데이, 굿데이의 창간과 폐간

1999년 3월 11일 스포츠투데이가 창간돼 기존 3개 스포츠신문과 경쟁을 시작했다. 스포츠서울 창간 편집국장, 일간스포츠 사장을 지낸 이상우와 당시 국민일보 회장인 조희준이 만든 스포츠투데이의 가세는 스포츠신문 시장에서 본격적인 적자생존 경쟁이 시작됐음을 의미했다. 조희준 회장이 자본금의 40%를 대고 나머지 60%는 창업투자회사가 참여한 스포츠투데이는 IMF 외환위기 사태로 거의 모든 신문사들이 급여와 상여, 수당 등을 제대로 지급하지 못하고 긴축재정을 시행하던 시기에 창간됐다.

이는 상대적으로 적은 돈을 들여 창간할 수 있는 여건을 마련해주었다. 우선 취재기자들 중 핵심인 스포츠, 연예 담당 기자들을 경쟁지에서 스카우트 했다. 스포츠조선 13명, 일간스포츠 10명, 스포츠서울 4명 등 30명에 가까운 기자들이 창간을 앞둔 스포츠투데이로 자리를 옮겼다. 신문을 만드는 핵심부서인 편집부 기자들은 지방신문에서 대부분 스카우트해 인력을 구성했다. 이때까지 경쟁지들은 시행하지 않던 편집기자 조판제를 실시해 편집기자들이 오퍼레이터의 도움을 받지 않고 곧바로 컴퓨터 화면을 보며 편집할 수 있도록 했다. 이와 함께 사진부는 핵심 인원 5명을 제외하고 일간지 및 스포츠신문 사진부 기자출신들이 세운 사진 취재 전문 대행사 '프레스 코리아'와 계약했다. 기존 신문들이 연차에 따른 호봉제로 기자들의 임금을 책정하는 것과 달리 스포츠투데이는 완전 연봉제를 적용했다(신문과방송, 1999.08: 31-33).

IMF 외환위기로 인한 국가경제의 침체 속에 경쟁지들이 겪고 있던 어려움은 스포츠투데이에겐 오히려 새로운 기회가 됐다. 상대적으로 적은 비용을 들이고도 기존 스포츠신문에서 스포츠, 대중문화 전문 취재기자들을 스카우트 할 수 있었다. 편집기자 조판제는 이전까지 신문제작 공정에서 기자들에게 도움을 주던 오퍼레이터의 역할을 편집기자가 동시에 수행하게 함으로써 제작공정을 단축하고, 임금을 줄이는 효과를 냈다. 사진취재를 외주 대행사에 맡김으로써 임금 및 고가의 사진 장비 구입비용을 절감할 수 있었다. 기자와 경영진이 일대일로 계약해 철저히 비밀을 지키게 하는 완전연봉제도 회사 측에 절대 유리한 임금 체계였다. 사측은 "평기자가 임원이나 간부보다 더 많이 받을 수도 있고, 1억 원을 주고 데려온 기자도 있다"고 했지만 현실은 대체로 그렇지 못했다. 매년 재계약을 맺는 완전연봉제는 실적에 따라 증액과 삭감을 하는 방식으로 연봉총액은 그대로 두고 구성원들 사이의 연봉만 조정한다는 우려와 비판을 낳았지만 IMF 외환위기 속의 신문사 경영 환경에서 큰 저항 없이 받아들여졌다.

스포츠투데이는 창간호부터 스포츠와 연예, 종합 뉴스, 카툰으로 나뉜 3개 섹션에 36면 전면 칼라 체제를 유지했다. 기존 스포츠지에서는 볼 수 없었던 주식시세표, 젊은이 층을 겨냥한 일본 작가의 만화, 연예인의 정치인 인터뷰 등 새로운 시도가 눈에 띄었다. 새 윤전기를 도입해 기존의 신문보다 가로로 약간 좁고 세로로 더 긴, 미국의 USA 투데이와 같은 판형에 가운데 부분을 접착제로 붙여 독자들이 지하철 등 좁은 공간에서 책장을 넘기듯 쉽게 신문을 볼 수 있도록 했다. 스포츠투데이는 이를 두고 '한국 최초의 제본된 신문'이라고 홍보했다.

창간호 1면 톱기사는 미국프로농구(NBA)의 톱스타 농구 황제 마이클 조던이 한국에 온다는 내용이었다. '조던 온다'는 제목의 창간호 톱기사는 독자의 눈길을 끌기에 충분했다. 글로벌 스포츠의 슈퍼스타 마이클 조던의 지명도와 1990년대 중반 이후 국내 신세대 사이에서 치솟은

그림 14. 스포츠투데이 창간호 1999년3월11일
자료출처: dooopedia.co.kr 두산백과

NBA의 인기가 매우 높던 시절이기에 조던이 한국을 방문해 골프장 사업 등에 투자한다는 내용은 뉴스 가치가 컸다. 1985년 스포츠서울이 창간호에 박종환 88올림픽 대표 팀 감독을, 1990년 스포츠조선이 선동열을 내세웠다면 2001년 창간한 스포츠투데이는 해외스타를 창간호 1면의 간판으로 올렸다. 스포츠의 세계화 추세를 반영하는 한 단면이기도 하지만, 한편으로는 창간호 1면에 세상이 깜짝 놀랄만한 특종기사를 써야 한다는 압박감이 빚어낸 결과이기도 했다. 마이클 조던의 한국방문은 성사되지 않았다.

새로운 경쟁자의 등장은 기존 스포츠신문 3개지를 긴장하게 했다. IMF 외환위기 직후인 1998년 8월 이후 스포츠 3개지는 신문 제작비용 절감을 위해 32면 발행에서 24면 발행으로 8개면 감면을 단행했다. 그러나 새 경쟁자가 나타나자 1999년 3월 다시 32면으로 복귀했고, 스포츠투데이가 창간부터 36면 체제로 출발하자 그해 7월 일간스포츠와 스포츠서울이 4개 면을 늘려 36면 체제로 따라갔다. 그러자 스포츠 투데이는 7월 12일자부터 곧바로 40면 발행을 단행했다(신문과 방송, 1999.08: 31-33).

마감시간도 지속적으로 당겨졌다. 일간스포츠가 독점하던 1980년대 초반까지만 해도 초판 마감시간은 여느 조간신문과 다를 바 없이 오후 5시 정도였다. 스포츠서울이 등장하면서 1980년대 후반에는 오후 2시, 스포츠 조선이 가세하면서 그보다 조금 더 당겨졌고 스포츠 투데이가 창간되면서부터는 오전 11시, 그리고 마지막으로 굿데이가 뛰어든 다음에는 오전 10시까지 당겨졌다. 다음날 아침자 신문이 전날 점심 무렵에 가판대에서 팔리는 기현상이 이어졌다. 또한 당시 스포츠신문들은 프로야구 연고지 팀의 경기 결과에 따라 하루 6~7차례 1면을 바꾸는 지역 판을 제작했다. 부산지역 가판에는 롯데 소식이 실리고, 대구지역 가판에는 삼성, 호남지역에는 KIA 관련 1면에 실리는 식이다. 팀이 이기건 지건 상관이 없었다. 이 같은 무리한 마감시간 단축, 증면경쟁과 지역판 제작은 편집국에 100여명 남짓한 취재기자와 편집기자들의 부담을 가중시켜 자연스럽게 신문의 질 저하를 불러왔다.

4개도 많다던 스포츠신문 시장에 2001년 9월 21일 다섯 번째 스포츠신문인 굿데이가 뛰어들었다. 스포츠투데이 이상우 사장이 조희준 회장과 회사 운영에 의견이 맞지 않아 경영 일선에서 밀려나던 즈음 경향신문의 제의를 받은 게 굿데이 창간의 배경이 됐다. 굿데이는 특히 이전까지 국내 신문에서 없었던 벤처형 신문으로 출범해 주목을 받았다.

굿데이의 모기업인 경향미디어그룹은 지난 6월 20일 이상우 회장을 대표이사로 설립신고를 했다. 그 뒤 법조인 사업자 등 개인투자자 및 증권사 은행원 등의 기관 투자자를 포함해 모두 25명의 주주들로 구성해 총200억 규모의 자본금유치를 계획하고 있다. 이중 경향신문이 윤전기, 사무실 임대료 등 60억 원 가량(160만주 중 40만주)을 현물 출자해 최대주주(25%)로 참여했다. 경향미디어그룹 관계자는 경향신문 및 경향미디어그룹 사원들에 대한 주식공모(5%)를 제외한 나머지 자본금은 모두 채워졌다고 밝혔다. 이상우 회장은 자신도 10%의 스톡옵션을 받고 '오너'라는 조건으로 참여했지만 철저히 소유와 경영, 편집이 분리된 이상적 언론기업 모델이 될 것이라고 밝혔다. 굿데이는 요건이 갖춰지는 시기인 2003년에 코스닥에 직접 등록하는 것도 목표로 삼고 있다(신문과 방송, 2001.09: 80-83).

신문사를 창간하는 데는 수백억 원이 소요된다. 지금까지 스포츠신문은 모두 종합일간지를 발행하는 신문사에 의해 창간된 자매지였다. 그러나 굿데이의 경우 경향신문이 대주주로 참여하긴 했지만 모기업은 아니었다. 경영권은 엔젤 투자자들로부터 현금을 조달한 이상우가 맡았다. 투자자들은 스포츠신문의 귀재로 알려진 이상우의 경영 능력을 믿었고, 이후 주식시장 상장을 통해 투자금을 늘려 회수할 수 있다는 계산으로 참여했다. 이상우 회장도 스톡옵션 10%를 받았으니 전형적인 벤처기업이었다. 이상우는 월간조선과의 인터뷰에서 모험적인 출발을 하게 된 배경을 설명했다.

원래는 경향신문이 스포츠지를 만들겠으니 그것을 맡아달라는 게 이번 창간의 출발이었어요. 그러나 곰곰 생각해보니 이미 여러 차례 창간작업을 해왔는데 또 피고용인으로 간다는 게 마음에 걸리더군요. 그래서 펀딩(자금조달)은 내가 하겠으니 대신 경영의 전권을 달라는 제안을 했어요. 경향신문 측이 의외로 이 제안을 수락하더군요. 이후 386세대지만 나와 친하게 지내는 벤처기업가 등에게 이런 취지를 설명했습니다. 그러니 며칠 만에 140억 원 가량의 돈이 모이더군요. 그들은 주식에 대한 권한 행사나 경영 간섭을 일체 하지 않을 테니 내 마음대로 경영해보라는 거예요. 대신 성공적인 운영으로 코스닥에 상장되면 그걸로 본전과 이득을 회수하겠다는 겁니다. 순전히 내 개인에 대한 신뢰 때문에 가능했던 일입니다(월간조선, 2001.09).

인터뷰에서 밝혔듯이 그는 더 이상 피고용인이 아니었다. 스포츠서울 초대 편집국장을 맡아 단시일 내에 일간스포츠와 어깨를 나란히 하는 신문으로 만들고 이후 친정 한국일보로 돌아가 일간스포츠 사장을 역임한 뒤 스포츠투데이 창간까지 주도한 그가 마침내 스포츠신문의 '오너'가 되는 꿈을 이룬 것이다. 이상우는 이때까지 발행된 5개 스포츠신문 중 3개를 창간하는 등 4개 신문과 인연을 맺으면서 한국스포츠신문의 대부라는 칭호를 들었다.

굿데이는 이전까지의 모든 스포츠신문과 달리 신문 제호에서 '스포츠'를 없앴다. 5번째 나오는 스포츠신문이 되고 싶지 않았고, 새로운 형태의 대중지임을 강조하고 싶었다. 스포츠신문이 처음 등장했던 1963년,

일요신문이 낸 일간스포츠신문의 지면에서 스포츠 뉴스는 절반 이상의 분량을 차지했다. 1969년 한국일보가 일간스포츠를 창간했을 때도 초기 지면은 스포츠 소식이 전체 4면의 절반을 넘었다. 그러나 일간스포츠가 대중문화와 레저 등의 분야로 영역을 넓혀 가면서 스포츠신문에서 스포츠 소식이 차지하는 비중이 계속 줄었다. 스포츠신문은 제호에 '스포츠'를 쓰고 있지만 사실상 스포츠신문이라기 보다는 스포츠연예 신문, 즉 스포츠와 연예를 중심으로 한 대중지였다. 굿데이 창간 편집국장 김두호는 "스포츠신문이 서서히 사양길로 접어들고 있을 때 굿데이가 창간됐다. 그래서 굿데이는 제호에 스포츠를 쓰지 않았다. 기존의 스포츠신문과 성격을 달리해서 대중문화 쪽에 더 초점을 두고자 했고, 스포츠신문이 아니고 대중문화지라는 점을 강조하고자 했다"고 했다(김두호 면담, 2018년 11월 13일).

굿데이는 9월 21일 창간호에 특집을 포함해 36면을 발행했고, 2호부터는 32면을 냈다. 편집국은 종합편집부, 종합스포츠부(농구팀·골프팀), 야구부, 축구부, 엔터테인먼트부(영화팀·가요팀), 문화IT부, 정경사회부 등으로 구성됐다.

그림 15. 굿데이 창간호 2001년 9월21일
자료출처: 국립중앙도서관

편집국 편제에서 알 수 있듯이 편집부를 포함한 전체 7개 부서에서 스포츠 취재부서는 3개였고 나머지 3개 취재부는 문화, IT, 정치, 경제, 사회 분야 담당이었다. 2002년 한일 월드컵을 겨냥해 창간한 스포츠신문이지만, 사회 전반의 화제와 모든 분야의 대중문화를 다루는 신문이 되고자 했다. 창간 초기 경상도 시골에서 은둔하고 지내던 KAL 폭파범 김현희의 근황을 취재해 소개한 것도 그런 맥락에서였다. 스포츠신문이 1면에 스포츠 외 화제뉴스가 자주 등장하면서 초기에 경영진 사이에서는 의견차를 빚기도 했다(김두호 면담, 2018년 11월 13일).

새 매체 출범준비의 가장 큰 난제인 인력구성은 스카우트로 해결했다. 굿데이는 전체 사원 200여 명 중 110명 정도의 기자들을 기존 매체에서 데려온다는 계획을 세우고 실행했다. 특히 스포츠투데이에서는 인력이동이 많았다. 굿데이 역시 편집기자 조판제를 시행했는데 이 시스템에 적응된 스포츠신문 편집기자는 대부분 스포츠투데이에 있었기 때문이다.

스포츠부 기자 중 핵심인 야구팀은 스포츠투데이, 일간스포츠 소속 기자들과 접촉하다가 무산됐고 결국 스포츠조선에서 기자들이 옮겨왔다. 2002년 한일 월드컵을 앞두고 비중이 커진 축구팀도 결국 스포츠조선에서 옮겨온 기자들이 주축을 이뤘다. 굿데이가 스카우트 기자들에게 '업계 최고대우'를 해준다는 소문이 돌면서 기존 스포츠신문에선 인력단속을 위한 경쟁적 처우개선 조치가 잇따랐다. 스포츠투데이는 특별성과급을 지급하며 기자들의 움직임을 막았고, 일간스포츠에서도 몇몇 기

자들이 굿데이로 옮겨가며 동요하자 장중호 사장과 노조가 인력이동의
자제를 주문하는 메일을 보내기도 했다.

이상우가 창간한 스포츠투데이와 굿데이는 그 때마다 매번 기존 스포
츠신문과 전혀 다른 신문을 만들겠다고 했지만 시간이 지나고 나면 결
국 대동소이한 스포츠신문의 틀을 벗어나지 못했다. 스포츠와 연예기사
에만 의존하지 않고 일반 종합지와 비슷하게 정치, 경제, 사회 등 일반 뉴
스에서도 최고의 화제가 되는 기사라면 비중 있게 다룬다는 편집방향도
일치했다. 또한 박찬호, 박세리 등 천편일률적으로 스타선수에 의존하는
신문의 틀을 벗어나겠다고 하고, 반라의 여성들이 등장하는 일명 '벗기
기 경쟁'을 하지 않겠다고 밝혔지만 기존 스포츠신문과 뚜렷한 차별화를
이루지는 못했다.

스포츠신문 시장의 과포화 현상과 더불어 무가지와 온라인 매체가 등
장해 스포츠신문 시장을 잠식한 여파로 굿데이는 경영난을 극복하지 못
하고 파산했다. 2004년 초부터 6개월 가까이 사원들에게 급여를 주지 못
하고 연명하던 굿데이는 11월 12일자를 마지막으로 찍고 인쇄비를 대
지 못하는 단계에 이르러 더 이상 신문을 발행하지 못했다. 굿데이의 파
산은 이전까지 언론계에서 진리처럼 떠돌던 신문불패, 즉 신문은 망하지
않는다는 근거 없는 속설이 깨진 일대사건이었다. 이후 스포츠투데이도
경영 악화로 인해 2006년 2월 9일자를 마지막으로 종이신문을 찍지 못
했고, 이후 제호와 도메인이 매각돼 온라인 매체로 재탄생했다.

한국언론진흥재단이 실시한 2003년 언론경영 실태조사에 응한 A스

포츠신문의 관계자는 "스포츠지가 3개일 때는 전부 흑자였는데 4, 5번째 스포츠지가 생기면서 알짜배기 광고가 빠져나갔고, 2년여 전부터는 스포츠지들이 적자로 돌아섰다. 3개 이상의 무가지가 나눠가질 광고물량이 없는데, 무가지가 더 늘면 신문시장은 공멸할 가능성이 있다"고 내다봤다. 결국 그의 예상은 현실이 됐다(한국언론진흥재단, 2003).

2. 창간 모기업과 결별한 스포츠서울과 일간스포츠

1990년대 3개 신문이 정립하면서 최고의 호황을 누렸던 스포츠신문은 2000년대 들어 5개 신문의 치열한 경쟁과 무가지의 가판시장 잠식, 인터넷의 발달 등 복합적 요인으로 인해 입지가 위축되면서 큰 변화를 맞게 된다.

우선 스포츠서울이 1999년 12월 서울신문으로부터 떨어져 나왔다. 스포츠서울의 독립법인화는 모기업 서울신문(당시 대한매일)의 경영난으로 비롯됐다. 서울신문 100년사는 스포츠서울의 분사과정을 모기업 서울신문을 살리기 위한 '생존자구책'이었다며 상세히 설명하고 있다.

스포츠서울 분사는 경영진이 소유구조 개편에 팔을 걷어붙이도록 이끈 하나의 동인이었다. 하지만 분사를 결정하게 된 직접적 계기는 당면한 경영난의 타개에 있었음은 물론이다. 당시 대한매일은 1995년부터 내리 5년 동안 수백억 원씩의 영업 손실로 누적 적자가 1000억 원에 육박해 있었으며, 누적 부채도 1600억 원에 이르렀다. 그 결과 차입금의 한해 이자에만

150여억 원이 들어가는 등 심각한 경영위기를 맞고 있었다. 사내 일각에서는 '회사의 경영부실에 대해 정부가 대주주로서 책임을 져야 한다'는 요구도 거세게 제기됐다. 그러나 경영진의 입장은 '증자나 정부지원은 더 이상 기대하기 어렵다. 스스로 살아가야 한다'는 것이었다. 대주주의 지원이 더 이상 불가능하다고 밝힌 이상 경영진은 특단의 경영개선 대책을 강구해야 했으며, 그 결과 나온 것이 바로 스포츠서울의 분사를 통한 자금수혈이었다. 스포츠서울을 독립법인으로 분사한 뒤 독립법인의 주식을 팔아 경영자금을 조달한다는 것으로, 요컨대 스포츠서울의 분사결정은 경영위기에 맞닥뜨린 회사의 강도 높은 자구책이자 회생을 위한 돌파구로서의 성격을 지녔던 것이다.

대한매일의 중요자산인 스포츠서울의 매각결정에 일부사원들의 반대도 있었지만 경영진은 수개월 동안의 집중적이고 신속한 검토과정을 거쳐 1999년 11월 노동조합에 스포츠서울 분사 계획을 통보하고 한 달 뒤 전격적으로 분사를 단행하게 된다(서울신문사, 2004: 496).

서울신문의 누적적자는 대주주인 정부에게도 큰 부담이었다. 경영개선을 위한 정부의 지원에는 한계가 있었다. 1000억 원에 달하는 누적적자, 1600억 원의 누적부채, 이를 감당하기 위한 금융·비용만 150억 원이 들어가는 부실회사에 정부자금을 투입하는 것은 밑 빠진 독에 물을 붓는 일이나 다름없었다. 결국 서울신문의 중요자산 중 하나인 스포츠서울을 독립법인으로 분사한 다음 그 주식을 팔아 서울신문의 부채를 탕감한다는 계획이 전격 단행된 것이다. 2000년대 초반 불어 닥친 벤처기업 붐과

코스닥 시장의 활황은 서울신문의 자구책을 순조롭게 진행하는데 도움
을 주었다.

> 자산매각이라는 특단의 대책은 다행히도 당시 벤처기업 붐에 따른 코
> 스닥 시장 활황 등 시류와 맞아떨어졌다. 자본금 300억 원으로 분사한 스
> 포츠서울의 주식 600만주(1주당 액면가 5000원) 가운데 280여만 주가 분사 이
> 듬해인 2000년 6월까지 수차례에 걸쳐 매각됨에 따라 700여억 원의 매
> 각대금이 회사로 들어왔다. 이 가운데 180만주는 1주당 2만 9000원씩 일
> 반기업 등에 사모(私募, 비상장 주식을 공모에 앞서 개별적으로 판매하는 방식)로 매각
> 하여 523억 원을 확보했고, 나머지 100만주는 사원과 자회사 등에 주당
> 5000원 혹은 2만 9000원씩에 팔아 170여억 원을 자금화 했다. 이 돈은 퇴
> 직금을 정산하고 부채의 일부를 상환하는데 쓰였다. 또 회사 일반 운영자
> 금으로 활용되는 등 경영에서 숨통을 트는 계기로 작용했다.
> 특기할 만한 것은 스포츠서울이 '주식회사 스포츠서울21'이라는 이름
> 의 독립법인으로 분사하면서 사원지주제가 도입됐다는 점이다. 스포츠서
> 울21 사원들이 우리사주조합을 결성함에 따라 총 발행주식의 6%가 사원
> 들에게 우리사주 형식으로 배정된 것이다.
> 이로써 1985년 창간 이후 스포츠지 계에서 부동의 1위 자리를 고수하
> 며 '낙양의 지가'를 올린 스포츠서울은 창간 15년 만에 독립법인으로 새로
> 운 출발을 하게 되었다(서울신문사, 2004: 497).

독립법인이 된 스포츠서울은 2007년 5월 대주주 서울신문이 유동성
확보를 위해 보유주식 전량을 개인투자자에게 매각함으로써 서울신문사

와 완전히 결별하게 된다. 1985년 제5공화국 전두환 정부의 허가로 서울
신문사의 재정난을 덜기 위해 탄생한 스포츠서울은 15년 동안 그 목적
에 맞는 역할을 충실히 해내고 모기업의 생존자구책으로 독립법인이 됐
다. 그로부터 8년 뒤 스포츠서울은 또다시 대주주 서울신문의 경영개선
을 위한 매물로 팔려가는 운명을 맞았다.

> 스포츠서울(사장 김학균)이 개인투자가에게 매각됐다. 스포츠서울의 최대
> 주주인 서울신문은 29일 스포츠서울 주식 788만7210주(47.23%)와 경영권
> 을 조명환(41) 씨 등 3명에게 매각했다고 공시했다. 이에 따라 지분율은 조
> 명환 씨 653만 7210주(39.15%), 차재성 씨 67만 5000주(4.04%), 박수현 씨 67
> 만 5000주(4.04%) 등이다. 이들은 28일 계약금으로 10억 원을 지급한 상태
> 이며 중도금(99억 원)과 잔금(75억 원)은 다음달 28일과 임시주총이 3개월 경
> 과된 날에 지급키로 했다(기자협회보, 2007.05.31).

이후 스포츠서울은 6개월도 안 돼 한 차례 더 매각되는 등 언론사가
M&A 시장의 먹잇감이 되는 게 아니냐는 우려를 낳았다. 대주주 서울신
문의 전격 매각결정에 스포츠서울 노조원들은 반발했지만 이미 시장의
매물이 된 이상 어쩔 도리가 없는 일이었다. 이후 경영진에 의해 정리해
고와 명예퇴직 수순이 진행되면서 사원들의 고용불안이 가중됐고, 이 과
정에서 적지 않은 기자들이 회사를 떠났다. 그 후로도 스포츠서울의 대
주주는 수차례 바뀌었다. 사회의 공기로서 책임을 다해야 하는 언론사가
주식시장에 상장돼 매물로 거래될 경우 대주주의 경영 및 언론 철학과

이념이 얼마나 중요한지를 보여주는 사례가 됐다.

> 스포츠서울21이 충청지역 건설업체인 ㈜로드랜드에 매각되자 기자 및 직원들이 '고용 및 경영 안정화'를 요구하고 나섰다. 전국언론노조 스포츠 서울21지부는 지난달 27일 성명을 발표하고 "불과 6개월도 안 돼 서울신 문에서 조명환 대표로, 다시 로드랜드를 소유한 정홍희씨 일가로 경영권 이 연쇄적으로 이동하게 된 충격적 사건"이라며 "스포츠서울이 'M&A 시 장의 먹잇감'으로 전락하는 게 아니냐는 우려가 현실화됐다"며 대책 마련 을 촉구했다. 스포츠서울21지부는 이날 성명을 통해 새 경영진에 △신문 사 고유의 영역 존중과 종사자들의 고용안정화 △인쇄·판매위탁계약을 비롯한 서울신문과의 관계 절연을 통한 재무구조 개선 △소유구조 변동에 맞춰 현 경영진 재정비 △경영누수를 최소화하기 위한 노조·사원 대표자 간의 면담 등 4개항을 요구했다(기자협회보, 2007.10.03).

스포츠서울이 독립법인이 되고 2007년 서울신문의 소유에서 완전히 벗어나기 전인 2005년 12월, 일간스포츠 또한 중앙일보를 새 주인으로 맞았다.

한국일보로부터 독립법인으로 떨어져 나오는 배경과 매각 과정은 스 포츠서울과 흡사했다. 우선 한국일보는 2000년 12월 주주총회에서 일간 스포츠를 독립법인으로 분사해 지분의 50% 미만을 매각, 한국일보의 부 채를 상환할 것을 결의했다. 이에 따라 일간스포츠는 창간 이후 32년여 만인 2001년 7월 1일 한국일보를 벗어나 별도 법인으로 새 출발 했다.

또한 이날자로 국내 언론사 중 최초로 코스닥 시장에 상장돼 표면상 '독자가 신문의 주인이 되는 길'을 열었다.

분사 직후 제5의 스포츠신문 굿데이가 창간할 움직임을 보이자 일간스포츠 장중호 사장은 임금을 25% 인상하는 파격조치로 내부 인력을 단속하는 등 의욕적인 조치를 취했다. 그러나 일간스포츠 역시 무가지로 인한 가판 수입 위축, 인터넷 매체 등장 등으로 광고수입이 급격히 감소하면서 재정난에 빠졌다. 중앙일보를 2대 주주로 참여하게 한 장중호 사장은 경영권을 유지한 채 대대적인 구조조정을 단행해 기자들의 반발을 사고, 파업과 직장폐쇄 등 진통을 겪은 끝에 결국 2005년 12월 소유권을 중앙일보로 넘겼다. 1969년 한국일보 창업주 장기영이 창간해 국내 스포츠저널리즘의 기틀을 닦은 스포츠신문의 선구자 일간스포츠가 경쟁사인 중앙일보로 매각된 일은 스포츠신문 역사 중 가장 주목할 만한 상징적인 사건으로 여겨진다.

일간스포츠는 이후 2009년 신문 판형을 중앙일보와 같은 콤팩트형인 베를라이너 판형으로 바꿨고 스포츠신문으로서는 상상하기 힘든 야간 마감 포기를 결정했다. 1980~1990년대 프로야구 야간경기 결과를 통해 가판시장 경쟁을 벌였던 스포츠신문의 수익에 가두판매는 큰 도움이 되지 않으며, 언론의 주요기능 중 속보성 또한 종이신문의 몫이 아니라는 판단에 따른 결정인 셈이다. 경영악화가 지속되면서 비용절감을 위해 2014년에는 사원 20여명에 대한 명예퇴직을 단행했고, 2015년에는 일간스포츠 법인이 중앙미디어 네트워크의 자회사인 JTBC PLUS로 합병됐다(기자협회보, 2015.10.28).

3. 무료신문과 온라인 매체, 그리고 후발 스포츠신문

무료신문과 온라인 스포츠미디어의 등장은 1980~1990년대 최고의 호황을 누리던 스포츠신문의 경영을 결정적으로 위협한 두 가지 요인이다. 흔히 '무가지'로 불린 무료신문은 지하철 입구와 버스정류장 등에서 출퇴근길의 시민들에게 공짜로 배포됐다. 독자들에게 무료로 신문을 나눠주는 대신 종이 값과 인쇄비는 광고수입을 통해 보전하고 그 이상의 수익을 올리는 무가지의 등장은 가두판매로 현금을 회수하는 스포츠신문의 판로를 위협했다. 자연스럽게 떨어지는 판매부수로 인해 수입이 줄어들고, 발행부수가 줄게 됨에 따라 광고수입이 떨어지는 악순환을 낳았다. 2000년대 초반 불어 닥친 닷컴 열풍으로 자사의 홈페이지에 기사와 연재물, 만화 등을 무료로 서비스하기 시작한 스포츠신문들은 포털의 등장과 함께 온·오프라인에서 동시에 유통경로를 빼앗기고 깊은 수렁으로 빠져들었다.

1995년 스웨덴의 스톡홀름에서 발간된 전 세계 무료신문의 시초 '메트로'가 2002년 5월 31일 한국에서도 창간됐다. 타블로이드 판형으로 비좁은 지하철 안에서 펼쳐보기에 최적화된 형태로 대부분 발간된 무료신문은 출퇴근길에 심심풀이로 보고 내던지기에는 안성맞춤이었다. 메트로의 성공 이후 무료신문 창간 붐이 일어 종합 시사지인 '더 데일리 포커스'가 2003년 6월 나왔고 문화일보에서도 'AM7'(2003년 11월 창간)을 만들어 인력과 자본을 투입했다. 군인공제회가 만든 만화지 '데일리 줌', 스포츠서울이 발행한 무료 스포츠신문 '굿모닝 서울', 그리고 일간스포츠를 중앙일보로 매각한 이후 스포츠 연예 콘텐츠가 절실했던 미주 한국일보와 서울경제신문에 의해 나온 '스포츠한국' 등 다양한 종류의 무료신문 창간이 잇따랐다.

이들은 출근길에 하루 300만 부를 뿌려댔다. 무료신문의 열기가 넘쳐 지역에서도 2003년 9월 유료신문에서 무료신문으로 전환한 '목포일보', 그리고 '메트로 부산'이 등장했다(강준만, 2008). 이밖에도 CBS가 2006년 11월 '데일리 노컷뉴스'를 창간했고, 서울신문이 투자한 최초의 석간 무료신문 '시티 신문'이 2007년 5월 등장했다. 2008년 5월에는 두 번째 석간 무가지 '이브닝'이 가세했다. 무료신문 열풍이 일기 시작한 2003년 삼성경제연구소는 그 해의 히트상품 중 8위로 지하철신문(무가지)을 꼽았다. 그럴 만큼 공짜로 볼 수 있는 신문 무가지의 인기는 대단했다. 뉴스와 신문은 공짜라는 인식이 독자들의 머리에 확고히 자리를 잡게 된 계기다.

무료신문 열풍은 곧바로 스포츠신문의 쇠퇴로 직결됐다. 스포츠면을 특화한 '굿모닝 서울'과 '스포츠 한국', 그리고 무료 만화신문 '데일리 줌'은 모두 스포츠신문의 직접 경쟁 상대였다. 무료신문은 대도시 지하철 역세권을 배포망으로 활용함으로써 20~30대 독자와 출·퇴근자를 대상으로 한 경제력이 있는 독자층에 도달하는 힘이 뛰어나다. 젊은 독자를 대상으로 하던 스포츠신문의 광고주가 대거 무료신문으로 옮겨감에 따라 스포츠신문 매출은 크게 떨어졌다. 종합일간지의 2004년 매출액은 7.8% 감소했고, 경제지가 2.2% 감소한데 반해 스포츠신문은 33.5%나 줄었다(강미선, 2005). 가판시장의 강자로 군림했던 스포츠신문들은 예상치 못했던 경쟁자, 상황을 만나 그로기 상태에 몰렸다.

스포츠서울, 스포츠투데이, 일간스포츠 등 스포츠신문 3사의 매출실적을 보면 2002년 2389억 원이던 매출액은 2004 1432억 원으로 2년 사이 무려 40.1%가 감소했다. 종합일간지와 경제지 등 다른 신문과 비교해볼 때 같은 기간 동안 가장 많은 폭의 매출액 감소였다. 2002년만 해도 25억 원의 이익을 기록했던 이 신문들은 2004년 무려 342억 원의 손실을 냈고, 당기 순손실도 254억 원에서 452억 원으로 크게 확대됐다. 스포츠신문 업계의 위기를 빌미로 회사 쪽은 지난해부터 강도 높은 임금삭감과 구조조정을 단행하기 시작했다. 실제 2004년 한 해 동안 회사를 떠난 사람들이 일간스포츠 98명, 스포츠조선 71명, 스포츠투데이 70명, 스포츠서울 60명 등 무려 299명에 이르고, 최고 40%에서 최저 17%에 달하는 임금삭감과 반납이 이뤄졌다(열린 미디어 열린사회, 2005년 가을호 84-91).

스포츠신문 3사의 매출실적이 2002년 2389억 원에서 2004년 1432억 원으로 줄어 2년 사이에 957억 원이나 감소했다는 사실은 무료신문의 여파가 얼마나 컸는지를 증명해주는 결과다. 2002년에는 무료신문이 5월에 창간된 메트로 1개사밖에 없었지만, 2004년은 6월까지만 해도 8개의 무료신문이 아침, 저녁마다 지하철 입구와 버스정류장 등 곳곳에 깔려 출퇴근길 시민들의 선택을 기다리던 때다. 결국 무료신문에 밀린 스포츠신문은 불가피하게 몸집 줄이기에 나설 수밖에 없었고, 기자들의 임금삭감이나 정리해고 등 고용불안으로 이어졌다.

2004년 3월 나온 굿모닝서울은 스포츠서울이 발행한 무료 스포츠신문이라는 점에서 눈길을 끈다. 무료신문 인기가 스포츠신문의 광고수입을 갉아먹자 고육지책으로 무료신문을 창간해 맞불을 놓는 방안을 내놓은 것이다. 무가지 시장이 이미 과포화 된 상태에서 뒤늦게 뛰어든다는 데 내부적으로 반대가 많았지만 스포츠서울 21 최고 경영진의 고집이 강했고, 아울러 대주주인 서울신문 경영진의 결심이 견고했다(신명철 면담, 2018년 11월 2일).

그러나 굿모닝서울은 단기간 안에 스포츠서울에 막대한 손실을 안기고 폐간되고 만다. 굿모닝서울의 광고수입은 결국 모기업 스포츠서울의 광고수입을 저하시키는 아이러니한 상황을 낳았다.

광고매출 증대를 목적으로 창간한 굿모닝서울은 손익분기점을 넘기기는커녕 1년 5개월 만에 비용 266억 원, 수익 130억 원, 손실 136억 원이라는 부실 성적표를 남긴 채 발행을 멈췄다. 굿모닝서울의 실패는 '손실 136억 원'이라는 불명예 외에도 모기업인 스포츠서울의 코스닥 관리종목 지정, 창간을 주도한 경영진 퇴진의 직접적인 단초를 제공했다(열린 미디어 열린 사회, 2005년 가을호 84-91).

무가지의 공세에 견디지 못한 스포츠신문 가운데 자본력이 가장 약한 굿데이가 2004년 11월 문을 닫았고, 스포츠투데이도 결국 2006년 2월 정간했다. 일간스포츠는 서서히 경영이 악화된 끝에 최대주주가 중앙일보로 바뀌는 운명을 맞았다. 스포츠신문 가운데 가장 재정기반이 탄탄하다고 하던 스포츠조선도 급격한 수입 감소로 흔들리기는 마찬가지였다.

> 스포츠신문 가운데 재정상태가 가장 안정적인 편이라는 평가를 받은 스포츠조선도 어렵기는 마찬가지다. 고정자산이 거의 없는 스포츠신문 가운데 유일하게 사옥을 갖고 있고 가판독자 위주인 다른 스포츠신문과 달리 조선일보의 막강한 지국망을 이용해 배달독자의 비율도 높은 편이지만 이어지는 광고경기 불황에 맥을 못 추고 있다. 스포츠조선의 한 관계자는 "다른 해에 비해 2004년의 광고매출이 40% 이상 하락했는데, 올해(2005년) 7~8월에는 2004년보다 20% 이상 더 떨어져 앞을 내다볼 수 없는 상황"이라고 털어놓았다. 2004년부터 1년간 71명의 사원이 명예퇴직과 정리해고 등으로 떠난 스포츠조선은 지난해 상여금도 전액 반납했다(열린 미디어 열린 사회, 2005년 가을호 84-91).

무료신문은 스포츠신문에 광고를 싣던 기업들의 관심을 끌어갔다. 스포츠신문에 광고를 싣는 기업들은 젊은이를 포함해 스포츠신문을 읽는 유동인구를 겨냥해 광고를 실었다. 당시 영화광고가 대표적인 예다. 스포츠신문에 올리는 영화 광고는 일반 종합지의 광고비 보다 1.5배 비쌌을 정도다. 그런데 유동인구, 즉 젊은이 층이 더 이상 스포츠신문을 보지 않고 무료신문으로 옮겨감에 따라 광고주들도 일제히 무료신문 쪽으로 움직였다.

그러나 그토록 맹렬한 기세를 올렸던 무료신문도 10년을 버티지 못하고 밀려나고 마는데 이는 2010년에 등장한 히트상품 스마트폰 때문이었다. 스마트폰이라는 새로운 뉴스소비 통로가 생기면서 무가지 역시 스포츠신문처럼 가판대에서 밀려났고 잇따라 폐간되며 자취를 감추었다.

> 2010년 스마트폰이 등장하며 무가지의 인기는 급속도로 하락했다. 무가지가 유가지를 지하철에서 몰아낸 것처럼 스마트폰은 무가지를 쫓아냈다. 무가지보다 월등히 콤팩트해진 스마트폰은 한 손에 쏙 들어왔고, 정해진 뉴스만 접하는 게 아닌 원하는 뉴스를 선택적으로 볼 수 있게 하는 기능은 무가지 입지를 더욱 좁게 만들었다. 이 뿐 아니다. 불과 몇 년 전 무가지를 히트상품 8위로 선정했던 삼성경제연구소는 2010년 히트상품엔 스마트폰을 1위로 올려놨다. 스마트폰은 보급된 지 3년 만에 방송통신위원회 추산 3000만 명의 사용자를 끌어 모았고, 동시에 무가지의 경쟁력을 떨어뜨렸다(더 PR 뉴스, 2012.08.23).

경쟁하듯 생겨나 번성했던 무가지들의 수입도 계속해서 떨어질 수밖에 없었다. 모바일 광고시장의 규모가 2010년 3200억 원에서 2년 사이에 4500억 원으로 뛰어올랐고, 이는 곧 무가지에 몰리던 광고가 스마트폰 쪽으로 넘어간 것을 의미했다. 서서히 경영난에 시달리던 무가지는 문화일보가 발행하던 AM7이 2013년 4월 폐간하는 것을 기점으로 정리되기 시작했다. 국내 두 번째 무료신문인 데일리 포커스가 2014년 4월 폐간되는 등 대부분의 무료신문은 사라졌다.

2003년 이후 광고수입이 현저히 떨어지던 시기에 스포츠신문 5개사는 KT가 탄생시킨 신생 포털 '파란'과 뉴스 콘텐츠 전재 독점계약을 맺는데, 이 또한 스포츠신문의 발목을 잡은 자충수가 됐다. 2000년대 초반 닷컴 열기가 불어 닥치면서 신문사들은 자사의 뉴스와 연재물을 홍보하기 위해 자체 온라인 사이트를 개설해 운영했다. 그러나 닷컴사의 경우 가두판매나 배달에 의존하는 오프라인 신문에 비해 소홀히 취급됐고 대부분의 경우 자회사 형식으로 독립해 별도로 운영되고 있었다. 이들은 네이버, 다음, 야후, 엠파스, 네이트 등 포털 사이트에 자사의 스포츠 연예 뉴스를 월 800만 원 ~ 1000만 원 정도의 헐값으로 공급하며 각 사별로 연간 1억 원 안팎의 수입을 올리는데 만족하고 있었다. 이 같은 계약이 이뤄지던 2000년대 초반까지만 해도 스포츠신문의 가판 판매는 흔들림이 없었고, 온라인 사이트를 통한 수입은 큰 관심거리가 아니었기 때문이다. 이는 결국 독자들이 직접 신문을 구입하지 않고 인터넷을 통해 공짜로 뉴스와 각종 콘텐츠에 접근할 수 있는 통로를 제공해 자신들의 수입을 감소시키는 결과로 이어졌다.

이후 무료신문의 강세로 가두판매 수입과 광고비가 줄어들 무렵이던 2004년 7월 스포츠신문 5개사는 신생 포털 파란과 기사 독점 전재계약을 맺었다. 각 신문사당 한 달 1억 원의 독점 전재료를 받는 2년 계약 조건이었다. 하지만 파란과 스포츠신문 5개사의 밀월은 오래가지 않았다.

1년 뒤 계약 내용을 재검토 한다는 조건으로 계약을 맺은 파란은 독점 전재를 통한 성과가 없다고 판단해 2005년 6월 비독점으로 풀고 전재료를 대폭 삭감했다.

파란과의 독점 계약을 통해 스포츠 연예뉴스 콘텐츠 가치의 중요성을 부각시키고 자사 사이트로의 독자 유입을 늘리겠다는 스포츠신문들의 계획은 이뤄지지 않았다. 마치 대형마트를 통해 제품을 구입하던 소비자가 다시 구멍가게로 돌아갈 수 없게 된 것처럼 독자들은 각 신문사 사이트를 찾는 수고를 덜고 포털에서 여러 신문의 뉴스를 한꺼번에 보기를 원했다. 스포츠신문 5개사가 파란과 독점 전재 계약을 맺게 됨에 따라 스포츠 연예 콘텐츠 확보에 비상이 걸린 네이버, 다음 등은 대안 매체 찾기에 나섰고 이는 포털에 의존하는 온라인 스포츠 매체의 탄생을 불렀다.

스포츠신문에서 종사하던 전문기자들이 창업한 OSEN이 2004년 처음 등장했고 이후 마이데일리, 조이뉴스, 엑스포츠 뉴스, 스포탈 코리아, MK 스포츠, 스타 뉴스 등 수많은 온라인 스포츠신문이 등장해 온라인, 모바일 시대의 새로운 스포츠 및 연예 콘텐츠 공급원으로 자리매김 했다.

온·오프라인 스포츠 전문 매체가 혼재하는 가운데 이전보다 규모를 축소한 스포츠신문도 잇따라 창간됐다. 굿데이의 폐간으로 스포츠 연예 콘텐츠 수급에 차질을 빚게 된 경향신문이 2005년 5월 스포츠칸을 창간해 2011년 제호를 스포츠경향으로 바꾸었고, 2005년 11월에는 세계일보가 스포츠월드를 창간했다. 2008년 8월 동아일보가 스포츠동아를 창간함으로써 한겨레신문을 제외한 대규모 종합일간지들은 거의 모두 스포츠신문을 자회사 또는 자매지로 두고 스포츠, 연예 콘텐츠를 생산·활용하는 시기로 접어들었다.

2010년대 들어 일간스포츠, 스포츠서울, 스포츠조선 등 전통의 스포츠신문 3사 외에 스포츠경향, 스포츠월드, 스포츠동아, 스포츠한국경제, 데일리 스포츠한국 등 여러 종의 스포츠신문이 공존하고 있지만, 1990년대 스포츠신문 3개사가 누렸던 황금기에 비하면 종사자수와 매출 등은 절반 정도로 축소된 규모에 불과하다. 2004년 4개 스포츠신문(일간스포츠, 스포츠서울, 스포츠조선, 스포츠투데이)의 추정 발행부수는 150만 1000부였다(이은주, 2005). 이에 비해 한국 ABC협회가 발표한 2017년 8개 스포츠신문(스포츠동아, 스포츠조선, 스포츠서울, 일간스포츠, 스포츠경향, 한국스포츠경제, 스포츠월드, 데일리 스포츠한국)의 총 발행부수는 63만 2465부에 불과하다. 최고 발행부수 신문은 스포츠동아로 15만 1985부, 최저 발행부수 신문은 데일리 스포츠한국으로 1만 7110부를 찍었다(한국언론진흥재단, 2018).

4. 무한 생존경쟁기의 스포츠신문 주요 보도

1999년 스포츠투데이, 2001년 굿데이가 창간돼 5개 스포츠신문이 와글와글 경쟁한 시기의 가장 큰 이벤트는 2002년 한·일 월드컵이다. 한·일 월드컵은 스포츠신문 시장이 과포화 상태로 접어들어 4, 5 등은 도태돼야 하는 무한 생존경쟁기에 마지막으로 펼쳐진 푸짐한 잔칫상이었다. 대한민국 대표선수들이 유럽 강호들을 잇달아 연파하며 4강까지 진출한 쾌거에 국민들은 열광했고 스포츠신문들도 신바람을 내며 서울 광화문, 종로 등 대규모 길거리 응원이 펼쳐지는 곳에서 가판 수익을 올리고 광고수입 증대효과를 톡톡히 누렸다.

2002년 5월 31일 서울 상암 월드컵 경기장에서 개막해 조별리그와 토너먼트를 치른 월드컵을 한 달여 간 지켜본 국민들은 이제껏 경험해보지 못했던 환희와 희열, 기쁨과 통쾌함을 온몸으로 느꼈다. 또한 시위가 아닌 축제로서의 새로운 차원의 광장문화를 체험했다. 스포츠신문은 취재기자들의 역량을 총동원해 월드컵 보도에 집중했고, 매일 10면 안팎의 월드컵 관련 기사에 추가 특집기획물을 쏟아냈다. 홈에서 열리는 월드컵에 나서는 한국대표 팀 선수들은 '태극전사'로서 무슨 일이 있어도 최소한 16강 토너먼트 이상 진출해야 하는 무거운 짐을 짊어졌다. 이전까지 월드컵 본선 무대에서 한 번도 이겨보지 못한 한국 대표 팀에게 '무조건 16강 진출'이라는 국민적 명령이 떨어진 것이다.

일제강점기 시절부터 축구는 우리 민족의 응어리진 한을 풀어내는 도구이자 기회로 활용됐다. 영국, 독일, 이탈리아 등 유럽국가나 멕시코, 아르헨티나, 브라질 등 중남미 국가의 축구가 그들 특유의 역사적 배경과 민족주의 이데올로기를 안고 있는 것처럼 우리에게 축구는 국제무대에서 일본과 북한을 반드시 이겨야 하는, 그래서 우리 민족과 체제의 우월함을 증명해 보여야 하는 특별한 종목이었다. 한국 축구 대표 팀의 역대 월드컵 도전은 대한민국과 국민 전체의 도전과 다름없이 여겨졌고, 당연히 강렬한 민족주의 및 국가주의 색채가 월드컵 뉴스에 반영될 수밖에 없었다.

조별리그 첫 경기인 폴란드전을 하루 앞두고 훈련하는 한국 축구 대표 팀 선수들 뒤로는 '붉은 악마' 응원단이 걸어놓은 초대형 태극기가 펄럭이고 있었다. 굿데이는 2002년 6월 4일자 신문 1면에 대형 태극기를 배경으로 가벼운 달리기로 몸을 푸는 대표선수들의 비장한 표정을 사진에 담고 큰 제목으로 '대~한민국'을 올렸다. 더 이상 말이 필요 없는 상징적인 제목이었다. 그 옆의 작은 제목 '48년을 기다렸다, 오늘 운명의 폴란드전'은 태극전사에게 부과된 '국민의 승리 명령'이었다.

마침내 폴란드를 2-0으로 이긴 다음날인 6월 5일 아침신문에는 온갖 수사가 동원됐다. '황선홍 역사를 썼다'(스포츠 투데이), '5천만이 이겼다, 반

그림 16. 굿데이 2002년 6월 5일
자료출처: 국립중앙도서관

세기 운명의 그물을 찢었다'(굿데이), '온 국민과 함께 뛴 90분, 열광 코리아'(스포츠서울), '월드컵 48년 한 풀다'(일간스포츠) 등으로 역사적, 국민적 승리를 강조했다. 대한민국의 월드컵 1승 숙원을 풀어준 히딩크 감독은 영웅이 됐다. '히딩크 신드롬, 귀화 지원론'(스포츠투데이), '외길 뚝심 신화, 히딩크 아리랑'(굿데이), '히딩크 불끈 쥔 주먹 신화를 썼다'(스포츠

서울) 등으로 묘사했다.

한국이 조별리그 2차전에서 미국과 1-1로 비긴 뒤 6월 11일자 스포츠신문에서 눈길을 끈 장면은 동점골을 넣은 안정환과 동료선수들이 보여준 '쇼트트랙 세리머니'였다. 헤딩골로 동점을 만든 안정환은 미국 진영 왼쪽 코너로 달려가 뒷짐을 지고 스케이트를 타는 시늉을 냈고, 동료선수들과 뒤에서 같은 포즈를 취하던 이천수가 양손을 번쩍 들며 놀라는 표정의 퍼포먼스를 취했다. 이는 그해 2월 솔트레이크 시티 동계올림픽 쇼트트랙 남자 1500m에서 미국의 아폴로 안톤 오노의 할리우드 액션을 풍자하는 세리머니였다. 1위로 골인한 한국의 간판선수 김동성이 오노의 할리우드 액션으로 재심 끝에 실격되고 금메달을 오노에게 뺏긴 사건에 한국인들은 분노했고, 반미 감정 또한 크게 고조됐었다. 이날 굿데이는 '쇼트트랙 세리머니 "동성아 봤지"'라는 제목으로 안정환의 세리머니를 조명했고, 스포츠투데이는 일본신문의 보도를 인용해 '오노 세리머니 통쾌'라고 전했다. 스포츠투데이는 여러 일본신문 보도를 소개하며 "일본의 대부분 신문들도 안정환의 세리머니는 '받은 만큼 돌려주는 통쾌한 세리머니', '한국의 한풀이'였다고 소개했다"며 객관적인 시각임을 강조하려고 했다. 김동성이 아폴로 안톤 오노의 과장된 몸짓으로 촉발된 솔트레이크 올림픽 당시의 반미 감정은 스포츠민족주의의 극단적인 일면이었다. 안정환이 평소 친분이 있는 김동성의 아쉬움을 세계인이 지켜보는 월드컵에서 골 세리머니를 통해 풍자한 장면과 이에 박수를 보내는 팬, 이를 보도하는 미디어 모두 스포츠 민족주의적 시각을 갖고 있기에 공감하고 동조할 수 있었다.

한국이 포르투갈을 꺾고 16강에 진출한 다음날(6월 15일) 아침 굿데이는 '붉은 다윗, 축구역사를 새로 썼다'며 대표 팀을 골리앗을 무너뜨린 다윗으로 비유했다. '영웅' 히딩크를 떠받드는 기사는 봇물을 이뤘다. '영웅 히딩크! 당신이 해낼 줄 알았습니다', '히딩크 얼마 받나'(이상 스포츠투데이), '축구 조물주 히딩크 주가 폭등'(굿데이), '히딩크 당신은 우리의 영웅'(일간스포츠) 등으로 칭찬했다. 이때부터 히딩크는 신화적 존재가 됐다. '나는 아직도 배가 고프다'(스포츠서울, 6월 16일), '히딩크 2002 대한민국 키워드', '히딩크 리더십의 본질'(일간스포츠, 6월 19일), '제갈공명이 울고 갈 최고의 용병술', '미국 교란, 연막술', '언론 플레이도 고단수' 등으로 신화가 된 히딩크를 극찬했다. 한국이 스페인을 승부차기에서 이겨 4강에 진출하자 6월 23일자 굿데이는 '월드컵 72년 최대 이변, 4강 해냈다'고 제목을 뽑았다. 유럽, 남미가 독점해온 월드컵 무대에서 변방 국가가 최초로 4강까지 올랐다는 소식이었다. '37억 아시아인의 승리', '전 아시아인의 경사'라는 FIFA 사무총장의 칭찬도 크게 부각됐다. 한국이 아시아의 대표라는 자화자찬이다.

전국을 휩쓴 월드컵 열풍은 한 달 동안 모든 이슈를 삼켜버렸다. 월드컵 기간 중 치러진 6·13 지방선거 투표율은 당시까지 최저인 48.8%에 그쳤다. 이후 현재까지도 역대 2위에 해당하는 저조한 투표율이다. 미디어를 통해 스포츠민족주의와 상업주의로 포장된 대한민국 대표 팀의 승리에 전 국민이 마비됐다고 할 만큼 축구 월드컵의 파워는 대단했다.

한·일 월드컵은 한국 축구의 수준을 몇 단계 끌어올렸다. 월드컵 이후 박지성, 이영표 등 실력을 검증받은 국내 축구선수들이 유럽 빅리그로 진출했고 이후 기성용, 이청용 등이 바통을 이어받았다. 팬들의 눈높이도 한층 높아졌다. 맨체스터 유나이티드로 간 박지성, 토트넘에 입단한 이영표에 대한 관심은 자연스럽게 잉글랜드 프리미어리그로 확장됐고 유럽 프로축구 리그 전체로 연결됐다.

한국 스포츠의 비약적 성장은 축구에서 뿐만이 아니었다. 메이저리그에서도 김병현, 김선우, 최희섭 등에 이어 2010년대 류현진의 활약으로 이어졌고 미국 여자프로골프(LPGA) 투어에서는 박세리, 김미현, 박지은의 1세대 골퍼에 이어 2010년대 들어 박인비, 최나연, 박성현, 유소연 등 이른바 '박세리 키즈'들의 '코리언 침공'으로 이어졌다. 프로 스포츠 뿐아니라 2004 국제빙상경기연맹 피겨스케이팅 주니어 그랑프리에서 우승하며 샛별처럼 나타난 김연아는 2010 밴쿠버 올림픽과 세계선수권을 제패하는 새 역사를 썼고 팬들의 광적인 인기를 모으며 최고의 영웅이 됐다.

체조 양태영의 '빼앗긴 금메달'이 최대 이슈였던 2004 아테네 올림픽 이후 그해 가을 굿데이가 파산했고, 근근이 버티던 스포츠투데이도 2006년 초 종이신문 발행을 접었다. 인쇄매체로서 스포츠신문의 잔치는 사실상 여기서 끝났다. 이후 온라인·모바일 스포츠미디어가 가세해 현재까지 이어지는 기간 동안 한국 스포츠의 수준은 전반적으로 세계 수준의 경쟁력을 갖추며 발전했고 선수들 또한 세계 최고 무대에서 전설적인 톱

클래스 스타들과 대등하게 겨루며 인정받는 스타로 자리를 굳힌 선수가 많아졌다. 스포츠팬들은 세계적인 무대에서 정상급 기량을 펼치며 활약하는 한국 선수들의 성과에 열광했고, 스포츠의 세계화 시대를 실감하게 됐다.

인터넷의 발달로 인터넷·온라인 전문 매체가 생기고 뉴미디어가 가세하면서 스포츠미디어 사이의 경쟁은 더욱 치열해졌다. 인터넷의 즉시성을 기반으로 한 온라인 스포츠 전문 매체들과 기존의 스포츠신문이 운영하는 온라인 사이트(일명 언론사닷컴)가 속보경쟁을 벌이는 환경이 됐다. 또한 유저의 클릭 수에 따라 광고수입이 좌우되는 구조에 의해 온라인 매체 사이에서 독자의 눈길을 끌 특종기사나 스타 위주의 기사, 혹은 제목만 그럴 듯하게 뽑아내는 현혹성 기사 등을 무차별 가공하는 양상으로 이어졌다. 깊이 있는 스포츠 분석 기사 보다는 스타급 선수들의 경기 내용을 위주로 삼는 스트레이트 기사나 선수 주변의 화제를 다루는 가십성 기사가 늘어났다. 인터넷 언론 창업이 우후죽순처럼 늘고, 네이버를 중심으로 한 포털 사이트 의존도가 커지면서 클릭수를 높이기 위해 경쟁사 기사를 일방적으로 전재하거나, 무단으로 가공한 뒤 제목만 자극적이고 현혹적으로 바꿔다는 어뷰징 기사도 늘어났다. 온라인상에서의 스포츠뉴스는 이처럼 글로벌 스타 위주로, 그들의 활약상을 한국인·한민족의 우수성과 연계해, 상업적으로 가공하는 보도 양상이 더욱 심화됐다.

상대적으로 과거 그토록 치열하게 경쟁했던 스포츠신문의 지면에서는 휘발성 및 선정성 짙은 스포츠 연예 기사, 가판을 의식한 무리한 창작

기사 등이 사라졌다. 가두판매의 비중이 현저히 줄면서 과거 1면 톱기사를 만들어내기 위해 무차별적으로 초대형 스타들에게만 초점을 맞추는 관행이 더 이상 필요하지 않게 됐기 때문이다. 오히려 지면에서는 농구, 배구, 골프 등 비주류 종목이나 아마추어 종목, 생활체육 분야를 집중적으로 다루는 기획기사를 차분하게 다룰 수 있는 여력을 갖추게 됐다. 온라인·모바일 스포츠 매체에서는 관심을 두지 않는 캠페인성 기사를 공유하는 언론 본연의 자세를 보여주기도 한다.

5. 갈무리

스포츠신문 5개지가 2002년 한·일 월드컵 특수 속에 반짝 전성기를 보낸 뒤 우려했던 시장 과포화 현상으로 2개 스포츠지가 폐간하고 기존의 시장질서가 재편되는 무한생존경쟁기의 고찰을 통해 다음의 결론을 얻었다.

1990년대 말까지 스포츠신문 3개지는 경영 측면에서 모두 흑자를 기록하며 스포츠와 연예계를 중심으로 다루는 대중지로서 안정적인 지위와 탄탄한 위세를 떨쳤으나 2000년대 들어 5개지로 증가해 생존경쟁을 벌이다가 무료신문, 인터넷 매체의 등장 이후 서서히 쇠퇴했다. 과포화 상태의 스포츠신문은 2002년 한·일 월드컵 특수가 지난 뒤부터 무한 생존경쟁을 시작했고 무료지 등장을 기점으로 신문판매 및 광고 매출이 급감하면서 존폐의 기로에 섰다. 2004년 가을과 2006년 봄, 굿데이와 스포츠투데이가 경영난을 견디지 못하고 차례로 폐간됐다. 이에 앞서 스포츠 서울과 일간스포츠는 창간 당시 모기업인 서울신문과 한국일보의 경영 난으로 독립법인이 된 뒤 매각되는 운명을 맞았다. 굿데이와 스포츠투데 이의 폐간은 과포화 상태의 스포츠신문 시장에 신생지가 2개나 가세하 면서 제기됐던 우려가 현실로 나타난 것이다. '신문은 망하지 않는다'는 근거 없는 믿음은 '신문사도 기업이다'는 사실 앞에 무너졌다.

무료신문의 등장은 유동성 인구인 젊은 층을 겨냥해 광고비를 집행하 는 기업들의 이동과 함께 스포츠신문 광고수입 급감을 초래하였다. 아울 러 2000년대 중반 스포츠신문 5개지가 KT의 신생포털 파란닷컴과 독점 계약을 맺는 것을 계기로 온라인 스포츠 전문 매체가 잇달아 출범하면서 기존 스포츠신문의 스포츠 연예 뉴스 콘텐츠 경쟁력 또한 현저히 약화됐 다. 오프라인에서의 수입 급감, 온라인에서의 콘텐츠 장악력 저하는 재 정 기반이 약한 굿데이, 스포츠투데이의 몰락을 불렀고 나머지 3개 스포 츠신문에도 구조조정을 요구했다. 스포츠경향과 스포츠월드, 스포츠동 아 등 후발 스포츠신문들은 처음부터 기존의 3분의 1 내지 절반 이하로 대폭 축소된 채 출범한 소규모 매체들이다.

5개 신문 무한생존경쟁기의 가장 큰 스포츠이벤트인 2002 한·일 월 드컵 기간 중 스포츠신문 보도에는 한국 대표 팀의 승리가 곧 국가의 승 리이자 국민의 승리라는 스포츠민족주의와 국가주의, 그리고 그러한 영 광을 이끈 히딩크를 향한 영웅주의 등의 이데올로기가 복합적으로 나타 났다. 월드컵에서의 민족주의는 2002 솔트레이크시티 동계올림픽에서 김동성이 개최국 미국의 아폴로 안톤 오노로 인해 받은 피해로 쌓인 반미감정을 다시 떠오르게 한 미국과의 예선전에서 더욱 증폭됐다. 월드컵 기간 내내 국민들은 축구를 통한 한민족, 대한민국 국민으로서의 성취감에 도취됐다.

월드컵 열기를 이은 스포츠영웅들인 박지성, 김연아에 대한 보도에도 스포츠민족주의는 이어졌다. 스포츠신문은 그들의 상업적 목적에 스포츠스타의 이미지와 민족주의를 접목했고, 팬들은 이 같은 보도를 당연하게 받아들였다. 이는 스포츠민족주의의 상업화로 규정된다. 이전까지의 스포츠민족주의가 일제강점기의 저항적 민족주의, 박정희 시대의 반공적 민족주의 등과 결합했다면 2002년 월드컵을 기점으로 대폭발을 일으킨 스포츠민족주의는 상업적 민족주의로 진화했다(정희준·김무진, 2011). 특히 미디어를 통해 살포되는 '스포츠미디어민족주의'는 자본주의적 민족주의의 탄생을 가져왔고, 또 상업적 애국주의를 만나게 했다. 스포츠미디어민족주의의 특징은 민족주의가 마케팅의 도구가 되었다는 것이고, 전통적인 '우리'의 개념을 해체시켰으며, 감각적이고도 선정적인 민족주의를 탄생시켰다(정희준·김무진, 2011: 101-115).

2002년 월드컵에서 보여준 우리 기업들과 방송과 신문을 비롯한 스포츠미디어의 행태는 스포츠민족주의를 마케팅의 도구로 이용했다는 지적에서 벗어날 수 없다. 또한 스포츠신문들이 김연아 못잖게 세계적인 경쟁력을 지닌 장미란, 신지애, 박인비 등의 스타들에 대한 차별적 태도에서 감각적, 선정적 스포츠민족주의를 상업화에 이용했음을 부인할 수 없다.

스포츠신문 전성시대의 몰락을 촉발시킨 직접적인 위협은 2002년부터 채 10년을 버티지 못한 무료신문에서 비롯됐다. 스포츠신문의 광고시장은 매일 지하철에서 300만부 이상을 쏟아낸 무가지에 의해 와해됐고, 결과적으로 2개 스포츠신문이 폐간하고 다른 스포츠지들에겐 살을 깎는 감량을 요구했다. 과다한 경쟁과 광고의 고갈로 인해 스포츠신문 시장의 생태계는 재편됐다. 그러나 이게 끝이 아니고, 더 큰 위협이 지속적으로 종이 스포츠신문을 압박하고 있다. 바로 모바일이다. 대중의 스마트폰 이용률이 급증하고, 스마트폰을 이용해 매체를 접하고, 뉴스를 소비하는 패턴이 굳어지면서 스포츠신문 시장은 더욱 위축되는 추세다.

커뮤니케이션 기술의 발달은 현대인의 생활양식을 바꾸었다. 과거에는 아침에 일어나면 TV를 켜고, 신문을 보며 그날의 날씨를 점검하고 주요 뉴스를 확인했다. 그러나 요즘엔 스마트폰을 이용해 원하는 정보를 얻고 뉴스를 소비한다. 스마트폰으로 대변되는 유비쿼터스(ubiquitous)[01] 컴퓨팅시대의 도래로 정보, 뉴스 유통은 모바일 매체 쪽으로 무게중심이 급격히 기울었다. 한국언론진흥재단의 2018 언론수용자 의식조사에 따르면 모바일 인터넷 이용률(지난 일주일 동안 한 번이라도 이용한 경우 기준)은

---

[01] 컴퓨터와 정보통신의 발달로 모든 사물과 상품, 인간의 활동이 언제 어디서나 서로 연결되는 환경을 말한다. '언제 어디에나' 동시에 존재한다는 뜻의 라틴어로, 1988년 미국 사무용 복사기 제조회사인 제록스의 마크 와이저가 '유비쿼터스 컴퓨팅'이라는 용어를 사용하며 처음 등장했다(전자신문사, 2005. 유비쿼터스 백서).

86.7%로 나타났다. 2011년 36.7%였던 모바일 이용률이 2017년 82.3%로 증가해 처음 80%를 넘었고 여기서 1년 사이 또 4.4%가 늘었다. 지난 일주일간 미디어별 뉴스이용률 추이에서는 모바일 인터넷을 통한 뉴스 소비가 2011년 19.5%에서 2018년 80.8%로 늘었고 전통 미디어 중 종이신문은 2011년 51.5%에서 2018년 17.7%로 급감했다(한국언론진흥재단, 2018).

과거에는 지하철을 타면 무료함을 달래고, 뉴스를 소비하기 위해 신문을 사들던 게 일반적이었다. 스포츠신문은 가판대에서 가장 많이 소비자의 선택을 받던 매체였다. 그러나 인터넷 기술의 발달이 초래한 종이신문의 몰락에서 스포츠신문은 최전방에 서 있다.

이처럼 급속한 모바일 혁명 시대에 미디어 결정론을 주장했던 마샬 맥루한은 자연스럽게 부활한다. 인쇄매체 시대에서 전파매체로 넘어가는 시대에 살았던 맥루한이 '미디어는 메시지'라며 인간 감각의 확장을 이야기했던 핵심기술이 TV에서 스마트폰으로 바뀌었다고 보는 견해이다. 인터넷은 도서관, 백과사전, 우체국 등의 기능을 대신하게 됐고 언론 또한 그 대상으로 삼았다. 독자는 신문지라는 종이 형태의 뉴스를 거부하기 시작했다(김원호, 2011: 38-44). 대형 포털 사이트에 뉴스콘텐츠를 헐값에 팔기 시작한 신문사들이 그들의 위기를 자초했고, 콘텐츠 유통의 주도권을 잃은 스포츠신문사들은 그 중에서도 가장 심각한 어려움에 처했다. 스마트폰을 통해 네이버, 다음 등의 포털 사이트를 열면 무료로 쏟아지는 스포츠 뉴스 콘텐츠에 이제는 더 이상 돈을 지불하고 종이 스포츠신문을 구독할 이유가 없어졌다. 모바일 콘텐츠 제작자와 수용자의 쌍방향 커뮤니케이션이 가능해진 모바일 미디어 뿐 아니라 최근엔 소셜네트워크서비스(SNS)를 통한 뉴스소비가 증가하면서 전통적 매체들은 더 이상 파워를 갖지 못하고 있다. 전통적인 매스 미디어가 과거 대중을 상대로 독점적으로 행사하던 '의제설정(agenda-setting)'02 기능을 뉴미디어나 SNS 등과 분할하게 됐고, 그러면서 더욱 대중매체의 존재감은 약해졌다.

미디어 기술이 인간의 일, 생활양식과 사고방식에 지대한 영향을 주는 환경에서 맥루한의 미디어 결정론은 매우 큰 힘을 얻는다. 그러나 미디어 기술의 발달이 세계 어느 곳에서나 똑같은 미디어 환경을 만들지는 않는다. 가까운 일본의 경우에는 한국과 같이 포털사이트의 파워가 막강하지 않고, 포털에 올라오는 뉴스 또한 요미우리, 아사히 등 권위 있는 신문사의 뉴스는 전부 제공되지 않는다. 군소 매체와 인터넷 매체를 통해 제공되는 주요 뉴스도 제목을 통해 간단한 내용만 파악할 수 있을 뿐 자세한 내용은 해당 언론사를 통해 기사를 접하지 않으면 알 수 없다. 결국 미디어기술의 발전이 현대인의 생활에 큰 영향을 준 것은 틀림없지만,

---

02 신문이나 방송과 같은 대중매체가 대중의 의제설정에 기여하고 있다는 이론. 대중매체가 특정이슈를 선정하고 그것을 중점적으로 다루면 대중의 주의는 그 이슈에 집중되고 여타의 이슈는 무시된다. 일반적으로 의제설정은 이슈선정 단계와 선정된 이슈를 제공하는 단계로 나누어 생각할 수 있다. 첫 번째 단계는 미디어가 '어떤' 이슈를 수용자에게 제공할 것인가 하는 선택의 문제와 관련되며, 두 번째 단계는 그 이슈에 관한 정보를 '어떤 방식'으로 제공할 것인가 하는 제공방식의 문제와 관련된다(이항우·이창호· 김종철·임현경 외, 2011).

포털의 위력이나 언론사 뉴스를 접할 수 있는 통로 등의 환경에서는 한국과 일본이 큰 차이를 보인다. 중립적인 기술이 정해진 결과로 이끈다는 미디어 결정론의 제한점을 사회구조론적 견해로 보완하고 분석해야 하는 사례라고 할 수 있다.

VI. 나오는 말

1. 국민과 울고 웃은 스포츠신문

한국 스포츠신문의 역사는 일요신문사가 1963년 발행한 일간스포츠 신문으로부터 비롯된다. 1969년 나온 한국일보사 일간스포츠의 탄생 이전 8년여 준비기간까지 더하면 한국 스포츠신문의 역사는 한국체육사의 한 페이지를 장식할 수 있을 만큼 오랜 연륜을 쌓았다. 스포츠신문은 힘차게 태어나 빠르게 성장했고, 치열하게 경쟁했으며, 미디어 환경 변화로 큰 시련을 겪은 뒤에도 여전히 위기에 몰려 있다.

한국 체육의 역동적인 성장과 역대 정부의 스포츠정책, 그리고 시대의 흐름을 따라 변화해온 한국 스포츠신문의 변천을 살피고 사회 이론적 해석을 더한 분석으로 다음과 같은 결론을 얻었다.

첫째, 1963년 창간된 일간스포츠신문은 정부의 적극적인 지원을 받아

1964년 도쿄 올림픽을 겨냥해 나온 한국 최초의 스포츠신문이다. 경영진이 박정희 정권 핵심인사들과 밀접한 관계를 유지했지만 신문은 창간 직후부터 경영난으로 고전하다가 오래 버티지 못하고 도쿄 올림픽 직전 경제신문으로 전환하며 정간됐다. 이후 우리나라에서 본격적으로 스포츠신문 시대를 연 일간스포츠는 1961년 12월 1일부터 시도한 서울경제신문 스포츠면 에서부터 비롯됐다. 한국일보 창업자 장기영은 스포츠신문 창간을 목표로 여건이 무르익을 때까지 서울경제신문 스포츠면 을 활용해 기반을 다졌다.

둘째, 한국일보사에서 1969년 창간한 일간스포츠는 앞서 등장했다가 사라진 일간스포츠신문의 전철을 밟지 않고 성공적으로 연착해 이후 16년 동안 독점 스포츠신문의 지위를 누렸다. 앞선 일간스포츠신문이 정부의 적극적인 지원에도 불구하고 실패한 반면 한국일보사 일간스포츠가 순조롭게 성장할 수 있었던 배경에는 모기업 한국일보의 든든한 지원, 성인용 만화와 청춘소설 연재 등 독자의 요구에 맞는 다양한 콘텐츠 제공, 우수한 스포츠전문 취재기자 재원 확보, 체육계 발전으로 인한 스포츠기사의 다양화 및 양적·질적 성장, 1970년대 비약적인 사회·경제적 발전 등 복합적인 요인이 작용했다. 유일한 스포츠신문으로서 일간스포츠는 체육계에 큰 영향력을 행사하며 더불어 발전했다. 또한 파격적으로 시도한 고우영 만화 연재는 이후 스포츠신문 만화라는 한 장르를 개척할 정도로 발전했다. 일간스포츠의 만화연재는 궁극적으로 한국의 만화계 발전에 지대하게 공헌했다.

셋째, 스포츠서울은 정권의 정통성이 취약한 제5공화국 정부가 '3S 정책'의 핵심요소인 스포츠에 초점을 맞춰 전략적으로 탄생시킨 대중신문이다. 스포츠서울은 국내 최초의 가로쓰기 편집, 한글 전용, 선명한 컬러인쇄 등으로 신문 업계에 새 바람을 일으켰다. 가판시장을 점유하기 위한 저가 덤핑으로 가판업자 및 독자에게 많은 이익을 보장한 것도 스포츠서울의 성공요인이 됐다. 일간스포츠와 스포츠서울은 치열한 경쟁을 펼치면서 종전의 주간지 시장을 흡수해 대중지로서 영역을 넓혔다. 스포츠신문 3사의 수익이 안정적이고, 발행부수와 영향력 등 전체 신문시장에서 절정을 이뤘던 1990년대시기를 '황금기'라고도 한다. 스포츠조선이 후발지로서 가판 열세를 뒤집고자 시도한 만화부록은 선정성, 음란물논쟁을 불렀고 시민단체와의 법정다툼으로 이어졌다. 10년에 가까운 공방은 결국 스포츠신문의 이미지를 '황색신문'으로 추락시키는 악영향을 미쳤다.

넷째, 1999년 스포츠투데이와 2001년 굿데이 창간으로 5개 신문이 혼전을 벌이다가 자본금과 기업 구조가 취약한 굿데이, 스포츠투데이가 잇따라 도산하며 스포츠신문 시장에 새로운 질서가 수립됐다. 신문은 절대 망하지 않을 것이란 언론계 종사자들의 믿음은 신기루였다. 지하철 가판대를 휩쓴 무료신문 열풍, 인터넷의 등장 등에 의해 과거 당당한 기세를 떨치던 스포츠신문은 서서히 사양길로 접어들었고 온라인과 모바일, 그리고 SNS 등이 종이신문을 대체하는 새로운 뉴스 유통경로가 되고 있다.

　이상의 시기별, 환경적 특징을 통해 스포츠신문의 탄생과 성장, 퇴조를 관찰하면서 한국사회에서 스포츠신문이 수행한 역할과 역사적, 사회적 정체성을 파악할 수 있었다.

　우선 스포츠신문들이 각 시대별로 사회와 공유한 이데올로기는 민족주의, 애국주의, 국가주의, 영웅주의, 상업주의, 승리지상주의, 배금주의 등 다양하지만 처음부터 끝까지 스포츠 뉴스 보도에 일관되게 계속된 핵심 줄기는 민족주의였다. 개화기와 일제 강점기를 거치며 서구에서 국내로 유입된 스포츠는 우리 민족이 억눌림과 울분을 발산할 수 있는 통로였고, 공식적으로 일본인들을 이길 수 있는 길이자 허락된 기회였다. 그렇기에 모든 스포츠 종목에서 일본 만큼은 반드시 꺾어야 한다는 극일, 항일 정신이 반영됐고 자연스럽게 민족주의 정서가 스포츠와 스포츠 뉴스에 배어들었다. 일제에서 벗어나 건국 초기의 혼란과 6·25 전쟁을 극복하고 군사 독재기를 보내면서 국민정서에는 항일과 반공, 민족주의가 짙게 투영됐고 군사정부의 통치자들은 스포츠에 애국주의 이데올로기를 반영해 국민통합의 기제로 삼았다. 1963년 창간됐다가 1년 만에 사라진 일간스포츠신문이나, 1969년 출범해 한국 스포츠신문의 선구자 역할을 해온 일간스포츠 역시 국제대회에서 거둔 한국 간판선수들의 성과를 알리는 보도에는 극일, 반공, 애국, 국가, 민족주의 정신을 직·간접적으로 강조했다. 태극마크를 단 국가대표의 승리는 대한민국의 승리였고, 세계대회에서의 우승은 민족의 우수성을 확인하는 일이었다. 상대가 일본과 북한 선수들이라면 민족의 우수성과 자유주의 체제의 우월성이 상대적으로 부각됐다. 그렇기에 당시 국가대표선수들에게는 승리가 절대적으로 요구됐고, 패배자는 스스로를 죄인으로 여길 만큼 심한 압박감에 시달려야 했다.

제3공화국에 형성된 스포츠민족주의는 또 다른 쿠데타로 집권한 제5 공화국 전두환 정권 시대에 이르러 더욱 증폭됐고 이후 1990년대, 2000 년대를 지나면서 글로벌 스포츠 시대에는 더욱 세련된 형태로 진화했다. 1988년 서울 올림픽, 2002년 한·일 월드컵을 거치면서 스포츠민족주의 는 경제민족주의와 만나 상업적 민족주의로 변모했다. 스포츠민족주의 는 이를 통해 상업적 이익을 취하려는 기업의 마케팅 도구가 됐고, 스포츠신문들의 매개를 통해 스포츠미디어민족주의라는 새로운 정체성을 받아들었다. 1990년대 말~ 2000년대 초반의 스포츠 영웅인 박찬호, 박세리를 넘어 2000년대 중반 이후 현재까지 글로벌 스포츠 시대의 스포츠 영웅인 박지성, 김연아, 박인비 등은 더욱 높은 차원의 세계적 경쟁력을 갖추었고 세계 최고 선수들과 어깨를 나란히 하거나 오히려 압도했다. 과거 스포츠민족주의는 외세와의 대결을 기제로 한 내적 요인에서 발생 했으나 오늘날의 스포츠민족주의는 세계화를 통해 발현되고 있다. 세계 화로 인해 오히려 내셔널리즘이 강조되면서 스포츠민족주의에 열광하는 대중의 신념과 글로벌 스포츠영웅의 이미지 역시 더더욱 강화되는 결과 로 이어졌다.

스포츠민족주의는 영웅주의와도 맥을 같이 하며 두 이데올로기는 스포츠미디어에 의해 더욱 확산, 증폭되고 재생산돼 왔다. 국내 최초의 스

포츠미디어인 스포츠신문은 시대별로 대한민국을 대표하는 스포츠영웅
을 탄생시켰고 그로부터 이익을 취했다. 강한 민족주의 속성을 품고 있
는 스포츠영웅 역시 거대 스포츠산업이 세계를 하나로 묶고 있는 글로벌
시대에 이르러 상업적 색채를 더욱 강하게 띠게 됐다.

  이상의 연구로 얻은 분석에 사회 이론적 해석을 더해 한국 사회만의
특색 있는 대중지로 발전해온 국내 스포츠신문의 사회적 위상과 정체성
을 탐구했다. 신문사 내에서의 스포츠 취재부에 대한 홀대, 정치권의 이
용도구로 출발한 스포츠 신문의 부정적 이미지는 비판적 견해의 지식인
들 사이에서 스포츠와 스포츠신문을 경시하는 고정관념으로 이어졌다.

  스포츠는 개화기에 한민족의 울분을 풀어주는 통로가 되었지만 1960
년대까지 한국 스포츠의 전반적인 수준은 세계무대에서 여전히 미미한
존재였다. 신문사 내에서 스포츠는 주요 보도대상이 되지 못했고, 스포
츠 취재부서와 기자는 존재감이 미약했다. 스포츠뉴스는 일반 종합지에
서 사회면의 한 구석을 빌어 전달됐고, 체육부에 발령을 받으면 소위 '물
을 먹었다'고 할 정도로 스포츠 자체가 신문사 내부에서 홀대받았다. 그
러나 스포츠만큼 민족주의, 국가주의 정서를 자극하며 국민을 하나로 묶
기에 좋은 수단은 없었다. 5·16 군사쿠데타를 통해 집권한 박정희 정권
은 스포츠를 국민통합, 동원의 도구로 활용하고자 했다. 1963년 이 땅
의 첫 스포츠전문 일간지인 일간스포츠신문은 그런 환경 속에 탄생했다.
스포츠와 스포츠미디어를 통해 국민을 통제하려던 박정희 정권의 정책
적 시도에 대한 기억은 1985년 창간된 스포츠서울에 대한 전두환 정권

의 이례적 지원 과정을 통해 되살아났다. 스포츠와 스포츠 부를 경시하는 언론계 내부의 정서, 스포츠를 정치 도구로 삼으려 했던 군사독재 정부에 대한 비판적 견해가 중첩되면서 스포츠신문은 일반 종합지에 비해 상대적으로 품격이 떨어진다는 고정관념을 안게 됐다. 이런 과정을 통해 이 땅의 대표적인 대중지인 스포츠신문은 상대적으로 중요도가 떨어지는 스포츠와, 고급문화에 비해 질이 낮은 대중문화를 보도대상으로 다루는 한 단계 아래의 신문이라는 언론계의 구별 짓기, 즉 차별화가 자연스럽게 이뤄졌다. 일반 종합지라고 해서 품격이 높고, 대중지라고 해서 그에 비해 격이 떨어진다는 논리는 성립하지 않는다. 그러나 일반적으로 시민들이 느끼는 정서에는 스포츠신문은 일반 종합지에 비해 한 단계 낮은 신문이라는 인식이 고정돼 있는 게 사실이다.

그러나 스포츠신문이 대한민국 사회 발전에 기여한 바는 결코 가볍지 않다. 1969년에 창간된 일간스포츠는 한국 사회에 산업화와 고도성장이 진행되며 피어나기 시작한 젊은이의 청춘문화를 대변했고 스포츠와 연예, 레저, 만화 산업의 발전을 주도했다. 이제까지 없었던 스포츠미디어의 힘이 한국 체육계를 선도했고, 대중문화의 발전을 이끌었다. 1985년 창간된 스포츠서울은 한글 전용에 전면 가로쓰기, 컬러화 등을 통해 신문을 대중과 가깝게 연결시켰다. 이후 경쟁지인 스포츠신문은 물론이고, 이전까지 세로쓰기 편집에 국한문을 혼용하며 '신문은 지식인의 것'이라는 필요 이상의 권위를 지키려 했던 일반 종합지들도 한글 전용과 가로쓰기 편집의 대세를 따랐다. 신문을 시민 모두의 손에 들려준 결정적 전기를 스포츠서울은 제공했고, 이후 가세한 스포츠조선과 더불어 대중신문의 영역을 굳혀나갔다. 스포츠조선과 함께 3개 스포츠신문이 황금기를 누리던 1990년대에는 프로스포츠의 활성화와 아울러 국민의 여가선용에 대한 관심이 고조되며 레저산업이 꽃피던 시기다. 3개 스포츠신문은 프로야구를 중심으로 한 프로스포츠와 아마추어 스포츠, 각종 레저 스포츠를 소개하고 대중적인 트렌드를 마련하는데 기여했다. 스포츠신문은 한때 선정적인 내용을 담은 만화부록으로 상징되는 과열경쟁 탓에 황색신문이라는 불명예스러운 이미지를 자초하기도 했다. 그러나 스포츠는 2002년 한·일 월드컵을 기점으로 국민의 삶에서 떼어놓을 수 없는 대중문화 현상의 하나로 확고히 자리를 잡았고, 스포츠신문은 그 과정에 기여했다. 스포츠는 19세기 말 이 땅에 전파된 이후 한 세기를 지나면서 한국인에게 의미 있는 사회 문화적 현상으로 부상했다. 현재의 한국사회, 한국인에게 스포츠는 보편적인 삶의 일부이자 풍속도가 됐다. 남녀노소 가리지 않고 좋아하는 스포츠팀, 스포츠 스타가 따로 있으며 이를 화제로 삼아 즐거운 설전을 벌이기도 한다. 직장 동료나 친구, 초면의 사람들 사이에서도 스포츠 화제는 인간관계를 가깝게 하고 촉진시켜주는 매개가 된다. 지하철이나 버스에서 스포츠신문을 펼쳐들고 읽던 때가 불과 십 수 년 전의 일이고, 모바일 시대인 지금도 스마트폰에서 가장 사랑받는 콘텐츠는 스포츠다. 퇴근 후나 주말이면 TV 앞에 앉거나 직접 스포츠 경기가 열리는 체육관으로 찾아가 열광한다.

정치세력의 의도에 이용됐던 스포츠는 민주사회의 발전과 더불어 과

거의 이미지를 걷어냈고, 스포츠신문 역시 정치권의 이용도구가 됐던 불명예를 덜고 새로운 언론환경 속에서 한국 스포츠발전에 일부분을 담당하고 있다. '스포츠와 정치'의 어두운 일면을 눈으로 지켜보거나 거의 들어본 적이 없는 1990년대 이후 세대가 성인이 되고 그들이 스포츠와 문화를 소비하는 주력 세대가 되면서 이제 '스포츠와 정치'의 화두는 새로운 차원에서 해석되고 있다.

스포츠신문이 탄생하고, 성장하고, 최절정기에 이르렀다가 한 발 뒤로 물러나고 있는 현재까지의 변천사는 커뮤니케이션 기술의 발전, 그리고 미디어 환경의 변화와 밀접한 관계를 맺어왔다. 미디어기술이 사회를 바꾼다는 거창한 명제를 굳이 대입하지 않더라도 일간스포츠신문, 일간스포츠 등 1960년~1970년대의 스포츠신문은 스포츠계와 대중문화계의 변화를 자극하고 발전을 선도했다. 이 당시 스포츠신문과 스포츠·대중문화계 사이의 헤게모니는 거의 유일한 스포츠미디어인 신문 쪽으로 기울어져 있었다. 이후 스포츠, 연예 등 대중문화의 잠재력이 폭발적으로 성장하면서 스포츠미디어, 그 중에서도 스포츠신문은 더 이상 주도적인 위치에 서지 못했다. 2000년대 초 인터넷의 발달로 온라인 전문 매체들이 생겨나 스포츠신문을 위협했고, 2010년대 들어 모바일 기술이 급속히 발전하면서 종이 스포츠신문의 입지는 더더욱 초라하게 위축됐으며 여전히 현재진행형이다. 인간의 삶을 바꿔놓고 있는 모바일 혁명은 특히 인터넷과 모바일 기술이 최고수준으로 발달하고, 보급률이 최고수준인 대한민국 사회에서의 미디어 환경을 이전까지와는 전혀 다른, 이른바 혁명 수준으로 바꾸어놓았다. 결국 스포츠신문도 이제는 그에 걸맞은 혁명적인 변화를 모색하고, 활로를 찾지 않으면 냉정한 시장에서 도태될 수밖에 없는 현실에 이르렀다.

2. 온라인 시대 스포츠 전문지의 갈 길

1963년 탄생한 최초의 스포츠전문 일간지 일간스포츠신문과 초창기 일간스포츠가 그 때 그 모습 그대로 요즘 발간돼 나온다면 독자들은 어떻게 반응할까. 생소하고 촌스러운 겉모습을 보고 외면할까, 아니면 속의 내용을 살펴보고 오히려 참신하고 진정성이 느껴진다며 반길까.

초기의 스포츠신문들은 당시의 종합일간지들과 편집이 크게 다르지 않았다. 종합지의 딱딱한 틀에 스포츠, 대중문화계 소식을 담았다. 스포츠를 주제로 사설도 쓰고 종합 비평을 올리기도 했다. 요즘의 스포츠신문과 비교해 초창기의 스포츠신문은 겉모습이 투박하고 촌스러운지 모르지만 그런 만큼 오히려 근엄했고, 진지했으며 격조가 있었다. 당시의 스포츠 취재기자들은 대한민국 재건시기의 어려운 상황을 스포츠 기사에 투영해 독자에 전달하려고 했고, 이는 엘리트 체육 진흥을 통해 국민적 만족감을 끌어올리고 정권의 안보를 다지려던 제3 공화국 정부의 스포츠 정책과도 일치했다. 당시의 스포츠신문과 기자들은 역사적 사명감을 가지고 국제대회를 취재하고 우리 선수들의 성과를 널리 알리고자 노력했다.

스포츠신문은 정치적 이해관계의 산물이기도 했다. 아직 스포츠신문이 독자적으로 생존하기 어렵다는 환경 속에서 박정희 정권이 전폭적으로 지원한 일간스포츠신문, 1985년 프로스포츠를 의도적으로 키우며 국민의 관심을 돌리고자 했던 전두환 정권이 서울신문을 통해 창간한 스포츠서울이 그랬다. 둘 중 하나는 소멸했고, 다른 하나는 가로쓰기 편집으로 한국 신문역사에 이정표를 세우며 멋지게 성장했다. 스포츠와 정치의 밀접한 관계와 1960년대, 1980년대 한국 사회의 특수한 환경 때문에 스포츠신문은 대중문화 신문으로서 제 역할을 하면서도 한편으로는 권력의 심부름꾼, 시녀라는 따가운 시선을 받았다. 1990년대 후반까지 3개지가 정립하던 시절 스포츠신문은 최고의 호황을 누렸으나 한편으로는 저급하며, 선정적인 황색 저널리즘이라는 비판을 감수해야 했다. 상대와의 경쟁에서 이기기 위해 농도 짙은 만화를 신문에 싣고, 선정적이고 확인되지 않은 '날 것'들을 그대로 자극적으로 보도해 스스로 격을 떨어뜨렸다.

스포츠신문의 가장 큰 특징은 가두판매에 의한 독자가 많다는 점이었다. 가정에서 종합일간지를 정기구독 하는 사람이 지하철이나 버스 정류장 가판대에서 다시 종합지를 구매하지는 않았다. 가볍고, 재미있고 볼거리가 많은 스포츠신문을 집어 들었고, 그렇게 형성된 거대한 광고시장이 스포츠신문의 황금기를 이끌었다. 가판에서 사랑받는 스포츠신문 장점은 그들의 운명을 가른 치명적 약점으로 변했다. 상대보다 더 자극적이어야 했고, 슈퍼스타에 의존하는 틀에 박힌 1면을 구성해야 했으며, 때로는 연예계의 미확인 스캔들을 경쟁적으로 전하며 스스로 품격을 깎고,

점차 독자의 신뢰를 잃었다.

1999년 스포츠투데이, 2001년 굿데이가 잇따라 창간돼 시장의 과포화를 이룬 이유도 신문의 가판 의존도 때문이었다. 더 이상은 위험하다는 경고음이 울렸지만 가판독자만 잡으면 된다는 용맹무쌍한 정신으로 시장에 뛰어들어 끝내 파국을 맞았다.

한때 절정을 구가했던 스포츠신문, 그리고 그 종사자들은 경영진의 욕심에 희생됐다. 2000년대 초반 몰아쳤던 닷컴 열풍을 이용해, 스포츠신문을 단기간에 키워 주식시장 상장을 통해 크게 한 건 올려보겠다는 '한탕주의'는 그들도 예상하지 못했던 변수 '무료신문'에 의해 산산조각 났다. 가판에 지나치게 의존하던 스포츠신문은 결국 가판의 새로운 강자 무가지에 카운터펀치를 맞고 그로기 상태에 빠졌다. 무리한 욕심을 낸 신문들이 먼저 도산했고, 이후 스포츠신문이 갖고 있는 진정한 가치인 스포츠 문화 연예 콘텐츠의 중요성을 절감한 언론사들이 스포츠신문을 창간해 과거에 비해 매우 소박한 규모로 운영하고 있다.

가판의 의존도가 떨어졌기에 요즘의 스포츠신문은 뜨거운 경쟁을 벌이던 1990년~2000년대 당시에 비해 진정한 의미의 대중문화지의 역할을 수행하고 있다. 과도한 경쟁, 선정적이거나 선동적인 기사는 과거의 가판대 판매처럼 클릭 수에 목숨을 거는 온라인 또는 모바일 전문매체의 몫이 됐다. 신문사의 인터넷 홈페이지, 즉 '신문사 닷컴'들도 그들과 경쟁하며 새로운 스포츠신문 시장의 질서에 적응하고 있다.

한국 스포츠신문의 역사를 돌이켜보며 얻은 교훈은 스포츠신문이 스포츠와 대중문화를 중점으로, 심도 깊게 다루는 언론 본연의 기능에 충실해야 한다는 것이다. 이제는 과거처럼 무리하게 자극적인 기사를 실어야 하는 모험이 필요 없는 환경이 됐다. 정치가 스포츠를 이용해 선동하려는 독재정권 시절의 환경도 아니다.

인터넷이 눈부시게 발달하고 뉴미디어, 소셜미디어가 발전하면서 이제는 누구도 자신의 소식을 SNS를 통해 전달할 수 있게 됐다. 과거엔 기자의 취재수첩을 통해 원고지를 거쳐 활자로 찍혀 나와야 뉴스가 됐다. 하지만 요즘은 정보를 쥐고 있는 자가 곧바로 뉴스공급자가 되는 시대다. 그 만큼 신문의 기능과 영향력이 축소된 지 오래다.

급격한 환경변화 속에서 스포츠신문이 찾아야 할 정체성은 초심을 잃지 않는 정보전달 및 정론의 기능이다. 기본과 원칙을 충실히 지키면서 시대의 흐름을 따라 호흡하는 것이야 말로 현재의 스포츠신문들이 독자들로부터 인정받는 길이라고 하겠다.

이 연구는 한국스포츠신문의 변천, 역사에 관한 것이다. 이제까지 제대로 알려지지 않았던 한국 스포츠신문의 효시 '일간스포츠신문'에 관한 새로운 사실과 일간스포츠, 스포츠서울 초창기의 치열한 경쟁 등에 얽힌 이야기는 매우 흥미롭다. 스포츠신문에 대한 연구가 많지 않고, 대부분이 신문 편집방향과 선정성 등을 주제로 삼은 논문이 많았기에 스포츠신문이 걸어온 긴 시간에 비하면 턱없이 간략하게나마 역사를 짚어보고 검증을 통한 관계자들의 이야기를 남기게 된데 나름대로 의미를 부여하고 싶다.

스포츠신문의 역사에 초점을 맞춘 이 연구는 우리나라 스포츠 미디어의 역사에 대한 논의로 범위를 넓혀 가거나 반대로 특정 분야, 종목, 신문, 사건, 주제 등으로 세분하는 새로운 연구의 필요성을 제시한다. 또한 현재 모바일 시대에서 스포츠신문이 가야할 이론적, 현실적, 기술적 방향성이 무엇인지에 초점을 맞추는 다양한 연구가 필요함을 제안한다.

참고문헌

【논문 및 단행본】

강미선·김영욱·이은주 외, 「위기의 한국신문 : 현황, 문제점, 지원방안」, 한국언론진흥재단, 2005.

강상현·김동규 외, 『현대사회와 매스커뮤니케이션』, 한울아카데미, 2000.

강준만, 『한국대중매체사, 인물과 사상사』, 2007.

강준만, 『선샤인지식노트, 인물과 사상사』, 2008.

고광헌, 『스포츠와 정치, 푸른나무』, 1988.

권기남, 「상류계급 골프문화의 구별 짓기와 계급재생산」, 경북대학교 박사학위 논문, 2009.

김경호, 「스포츠신문의 온라인 서비스 활성화와 인쇄신문의 관계—공급자 측면에서」, 한국체육대학교 석사학위논문, 2012.

김경호·하웅용, 「국내 첫 스포츠신문의 창간과 일간스포츠의 변천」, 『한국체육사학회지』 22(2), 2017. 1-17쪽.

김선남·장해순·정현욱, 「스포츠신문의 선정성에 관한 연구」, 『언론과학연구』, 3(1), 2003. 33-68쪽.

김용찬·신인영, 「'스마트폰 의존'이 전통적 미디어 이용과 전통적 커뮤니케이션 방식에 미치는 영향:미디어체계의존이론을 중심으로」, 『한국방송학보』 27권 2호. 2013. 115-156쪽.

김원제, 「미디어 스포츠의 기원 및 변동과정에 관한 연구:미디어스포츠 결합태 개념을 중심으로」, 성균관대학교 박사학위 논문, 2004.

김원제, 『미디어스포츠 사회학』, 커뮤니케이션 북스, 2005.

김원호, 「마샬 맥루한 VS 소셜 맥루한」, 『마케팅』 45(3), 2011. 38-44쪽.

김창남, 『대중문화의 이해』, 전면 2개정판, 한울, 2010.

김현선, 「애국주의의 내용과 변화」, 『정신문화연구』 25(2), 2002. 180쪽.

남재일, 「한국신문의 객관주의 아비투스」, 고려대학교 박사학위논문, 2004.

노창현, 「한국스포츠신문의 양식과 정체성 변화에 관한 연구」, 성균관대학교 석사학위논문, 2003.

데이비드 로위, 유상건·노광우 옮김, 『글로벌 미디어 스포츠:흐름, 형태 그리고 미래』, 명인문화사, 2017.

서울신문사, 『서울신문 40년사』, 서울신문사사편찬위원회, 1995.

서울신문사, 『서울신문 100년사』, 서울신문사, 2004.

심혜경, 「한국 스포츠-민족주의의 한 기원: 해방전후 〈올림피아〉(레니 리펜슈달, 1938) 1부 〈민족의 제전〉, 올림픽과 마라톤 문화/기록영화의 상영을 중심으로」, 『영상예술연구』 25, 2014, 315-350쪽.

오도광, 「나의 스포츠기자 시절」, 『관훈저널』 2011년 여름호, 104-133쪽.

오미영·정인숙, 『커뮤니케이션 핵심이론』, 커뮤니케이션 북스, 2005.

오병돈, 「프로축구 서포터즈의 하위문화와 정체성 형성 및 문화적 구별짓기 과정 탐색」, 충남대학교 박사학위논문, 2008.

요시자와 세이치로, 정지호 옮김, 『애국주의의 형성』, 논형, 2006.

유선영, 『미디어의 세대차이 담론』, 한국언론진흥재단, 2004.

유호근, 「스포츠와 정치 그리고 국가: 한국을 중심으로」, 『동서연구』 제21권 2호, 2009. 201-228쪽.

이광우, 「문화매개자로서 미디어생산자의 아비투스 형성과 실천에 관한 연구」, 중앙대학교 석사학위논문, 2013.

이보람, 「소셜미디어가 기업스포츠 마케팅에 미치는 영향에 대한 연구」, 한양대학교 석사학위논문, 2014.

이상우, 『권력은 짧고 언론은 영원하다』, 커뮤니케이션 북스, 2010.

이영미, 「스포츠신문 연재만화연구:2003년을 중심으로」, 경희대학교 석사학위논문, 2003.

이창호·김은국·최영재, 『소셜미디어가 세상을 바꾼다』, 한누리 미디어, 2013.

이태일, 「스포츠 미디어 환경변화에 따른 콘텐츠 마케팅」, 한국체육대학교 석사학위논문, 2010.

이학래, 『한국근대체육사 연구』, 지식산업사, 1990.

이항우·이창호·김종철·임현경 외, 『정보사회의 이해』, 미래인, 2011.

임번장, 『스포츠사회학』, 동화문화사, 1994.

임식·허진석, 「제3공화국 스포츠-체육 정책 연구사의 비판적 검토」, 『스포츠와 법』 12(1), 2009. 105-130쪽.

전상돈, 「해방이후 한국신문 스포츠 기사의 경향연구」, 서울대학교 석사학위논문, 1989.

전자신문사, 『2005 유비쿼터스 백서, 전자신문사』, 한국정보문화진흥원, 2005.

정동성, 『스포츠와 정치』, 사람과사람, 1998.

정인숙, 『커뮤니케이션 핵심이론』, 커뮤니케이션 북스, 2013.

정준영, 『열광하는 스포츠 은폐된 이데올로기』, 책세상, 2003.

정찬모·천일평·이홍열, 『20세기 한국스포츠 100년』, 이길용 기념사업회, 1999.

정희준·김무진, 「민족주의 진화: 스포츠, 그리고 상업적 민족주의의 탄생」, 『한국스포츠 사회학회지』 24(4), 2001. 101-115쪽.

조석남, 「한국스포츠신문의 1면에 나타난 스타 의존도에 관한 연구」, 중앙대학교 석사학위 논문, 2004.

조선일보사, 『조선일보 90년사』, 조선일보 90년사 편찬실, 2010.

조준호, 『21세기 대한민국 체육사 연표』, 한림문화사, 2013.

조호영, 「굿데이 창간이 스포츠신문의 선정성에 미친 영향 연구」, 연세대학교 석사학위논문, 2003.

주진숙, 「스포츠신문의 선정적 만화에 대한 일고찰」, 『저널리즘비평』 5, 1991. 48-53쪽.

최덕교, 『한국잡지백년2』, 현암사, 2004.

추연구, 「스포츠신문의 위기와 극복방안에 대한 기자의 인식 분석」, 연세대학교 석사학위 논문, 2007.

피에르 부르디 외, 최종철 옮김, 『구별짓기, 문화와 취향의 사회학』, 새물결 출판사, 2006.

하웅용, 「남북한 스포츠회담사」, 『한국체육사학회지』 5, 2000. 38-47쪽.

한국학중앙연구원, 『한국민족문화대백과사전』, 1991.

한국경제신문사, 『한국경제신문50년사』, 한국경제신문사, 2014.

한국근현대사사전, 『한국사사전편찬회』, 가람기획, 2005.

한국언론진흥재단, 2003 언론경영실태 분석, 2003.

한국언론진흥재단, 2016 언론수용자 의식조사, 한국언론진흥재단, 2017.

한국언론진흥재단, 2017 언론수용자 의식조사, 한국언론진흥재단, 2018.

한국언론진흥재단, 2018 언론수용자 의식조사, 한국언론진흥재단, 2018.

한국언론진흥재단, 2018 신문산업 실태조사, 한국언론진흥재단, 2018.

한국일보사, 『한국일보30년사』, 한국일보사, 1984.

한국일보사, 『한국일보40년사』, 한국일보사, 1994.

허진석, 「한국 스포츠-체육 정책사적 주요 인물의 역할 고찰: 제3공화국 시대 민관식(소강)
　　　의 생애와 활동을 중심으로」, 동국대학교 박사학위 논문, 2009.

허진석, 『스포츠 공화국의 탄생』, 동국대학교 출판부, 2010.

홍성민, 『피에르 부르디외와 한국사회』, 살림출판사, 2004.

【면담자료】

김덕기 면담, 2018년 11월 6일. 노원구 커피숍 더 숲.

김두호 면담, 2018년 11월 13일. 신영균 예술문화재단 사무실.

박건만 면담, 2018년 11월 12일. 광화문 커피숍.

박재영 면담, 2018년 11월 6일. 합정동 커피숍.

신명철 면담, 2018년 11월 2일. 스포티비 뉴스 사무실.

오일룡 전화면담, 2018년 11월 2일.

이성춘 면담, 2018년 11월 2일. 동아일보 커피숍.

이영걸 면담, 2018년 10월 30일. 한세대 학술정보원.

정경문 전화면담, 2018년 11월 21일.

조석남 전화면담, 2018년 10월 31일.

유홍락 전화면담, 2014년 7월 27일.

이태영 면담, 2015년 6월 30일. 한국프레스센터 커피숍.

이태영 면담, 2018년 11월 1일. 한국프레스센터 커피숍.

홍윤표 전화면담, 2017년 5월 20일.

홍윤표 면담, 2018년 10월 30일. 한국체육언론인회 사무실.

【정기간행물】

• 경향신문

1964년 6월 4일.

• 국민일보

2002년 4월 27일.

• 굿데이

2001년 9월 21일.

2001년 9월 22일.

2001년 9월 27일.

2002년 6월 1일.

2002년 6월 4일.

2002년 6월 5일.

2002년 6월 7일.

2002년 6월 10일.

2002년 6월 11일.

2002년 6월 15일.

2002년 6월 16일.

2002년 6월 19일.

2002년 6월 21일.

2002년 6월 23일.

2002년 6월 26일.

2002년 6월 30일.

• 기자협회보

2007년 5월 31일.

2007년 10월 3일.

2015년 10월 28일

• 더 PR뉴스

2012년 8월 23일.

• 동아일보

1964년 6월 4일.

1964년 10월 23일.

2002년 2월 28일.

• 매일경제신문.

1971년 7월 14일.

• 스포츠서울

1985년 6월 22일.

1985년 6월 23일.

1985년 6월 29일.

1985년 6월 30일.

1985년 7월 1일.

1985년 7월 5일.

1985년 7월 10일.

1985년 7월 31일.

1985년 8월 5일.

1988년 9월 25일.

1988년 9월 27일.

1988년 9월 28일.

1988년 9월 30일.

1992년 8월 3일.

1992년 8월 4일.

1992년 8월 9일.

1992년 8월 11일.

1994년 1월 9일.

1994년 4월 1일.

1995년 1월 28일.

1998년 5월 19일.

1998년 5월 26일.

1998년 7월 6일.

1998년 7월 7일.

1998년 7월 8일.

1998년 7월 14일.

2000년 10월 1일.

2002년 6월 1일.

2002년 6월 5일.

2002년 6월 11일.

2002년 6월 15일.

2002년 6월 16일.

2002년 6월 19일.

2002년 6월 21일

2002년 6월 23일.

2002년 6월 26일.

2002년 6월 30일.

• 스포츠저널 코리아

2013년 7월.

2014년 10월.

2015년 1월.

• 스포츠조선

1990년 3월 21일.

1990년 3월 22일.

1990년 3월 25일.

2002년 6월 1일.

2002년 6월 5일.

2002년 6월 11일.

2002년 6월 15일.

2002년 6월 16일.

2002년 6월 19일.

2002년 6월 21일

2002년 6월 23일.

2002년 6월 26일.
2002년 6월 30일.

• 스포츠투데이

1999년 3월 11일.
1999년 3월 11일.
1999년 8월 19일.
1999년 8월 30일.
2002년 6월 1일.
2002년 6월 4일.
2002년 6월 5일.
2002년 6월 6일.
2002년 6월 7일.
2002년 6월 10일.
2002년 6월 11일.
2002년 6월 15일.
2002년 6월 16일.
2002년 6월 19일.
2002년 6월 21일.
2002년 6월 23일.
2002년 6월 26일.
2002년 6월 30일.

• 서울경제신문

2011년 7월 31일.

• 신동아

2001년 4월호.

• 신문과 방송

1988년 11월호.
1990년 4월호.
1997년 9월호.

1999년 8월호.
2001년 9월호.

• 열린 미디어 열린사회

2005년 가을호.

• 월간 재정

1979년 9월호.

• 월간 조선

2001년 9월호.

• 일간스포츠

1969년 9월 26일.
1973년 3월 5일.
1973년 3월 25일.
1973년 3월 26일.
1973년 4월 11일.
1974년 7월 5일.
1974년 7월 6일.
1976년 8월 1일.
1976년 8월 2일.
1976년 8월 4일.
1977년 9월 18일.
1982년 3월 28일.
1988년 9월 17일.
1988년 9월 18일.
1988년 9월 19일.
1988년 9월 22일.
1988년 9월 23일.
1988년 9월 25일.
1988년 9월 27일.
1988년 9월 28일.

1988년 9월 29일.
1988년 9월 30일.
1988년 10월 1일.
1988년 10월 2일.
1988년 10월 3일.
1988년 10월 10일.
1988년 10월 26일.
1990년 10월 18일.
1990년 10월 21일.
1990년 10월 22일.
1990년 10월 24일.
1990년 10월 28일.
1991년 4월 3일.
1991년 4월 4일.
1991년 4월 22일.
1991년 4월 24일.
1991년 4월 25일.
1991년 4월 27일.
1991년 4월 29일.
1991년 5월 1일.
1991년 5월 5일.
1991년 5월 8일.
1991년 5월 10일.
1991년 5월 12일.
1991년 5월 13일.
1991년 5월 25일.
1991년 5월 26일.
1991년 5월 29일.
1991년 5월 30일.
1991년 8월 3일.
1991년 8월 4일.

1991년 8월 5일.
1991년 8월 6일.
1991년 8월 7일.
1991년 8월 9일.
1991년 8월 10일.
1992년 8월 7일.
1992년 8월 8일.
1992년 8월 9일.
1992년 8월 10일.
1998년 5월 19일.
1998년 5월 26일.
1998년 7월 6일.
1998년 7월 7일.
1998년 7월 8일.
2000년 10월 1일.
2002년 6월 1일.
2002년 6월 3일.
2002년 6월 4일.
2002년 6월 5일.
2002년 6월 11일.
2002년 6월 15일.
2002년 6월 16일.
2002년 6월 19일.
2002년 6월 21일.
2002년 6월 23일.
2002년 6월 26일.
2002년 6월 30일.
2004년 8월 18일.
2004년 8월 19일.
2004년 8월 21일.
2004년 8월 23일.

2004년 8월 24일.
2004년 8월 25일.
2004년 8월 26일.
2004년 8월 27일.
2004년 8월 28일.
2004년 8월 30일.
2005년 6월 6일.
2005년 6월 28일.
2005년 6월 30일.

• 일간스포츠신문

1963년 8월 15일.
1963년 9월 30일.
1963년 12월 17일.
1963년 12월 18일.
1964년 1월 22일.
1964년 1월 23일.
1964년 2월 25일.
1964년 6월 3일.
1964년 6월 4일.
1964년 6월 5일.
1964년 6월 8일.
1964년 6월 9일.
1964년 6월 11일.
1964년 6월 13일.
1964년 6월 16일.
1964년 6월 17일.
1964년 6월 22일.
1964년 6월 23일.
1964년 6월 27일.
1964년 6월 29일.
1964년 7월 4일.

1964년 7월 8일.
1964년 7월 10일.
1964년 7월 17일.
1964년 7월 31일.
1964년 8월 1일.
1964년 8월 18일.
1964년 8월 19일.
1964년 8월 20일.
1964년 8월 22일.
1964년 8월 25일.
1964년 8월 29일.
1964년 9월 3일.
1964년 9월 17일.
1964년 9월 19일.
1964년 9월 25일.
1964년 10월 5일.
1964년 10월 8일.
1964년 10월 9일.
1964년 10월 10일.

【인터넷 사이트】

• 관훈클럽 홈페이지
  http://www.kwanhun.com

• 국가통계포털 홈페이지
  http://kosis.kr/

• 더 PR 뉴스
  http://www.the-pr.co.kr

• 만화규장각 홈페이지
  http://www.komacon.kr/

- 서울연구원 홈페이지

  https://www.si.re.kr/

- 통계청 홈페이지

  http://kostat.go.kr

- 한국기자협회 홈페이지

  http://www.journalist.
  or.kr/

- 한국언론진흥재단

  http://www.kpf.or.kr

김경호

경향신문 기자, 스포츠경향 편집국장
1989년 일간스포츠 입사 후 스포츠신문 3군데를 옮겨 다니다 스포츠경향 창간과 함께 경향신문에 정착했다.
고려대학교 신문방송학과를 졸업했고 한국체육대학교에서 석사, 박사 학위를 받았다.
제13대 한국체육기자연맹 회장, 소강체육대상 언론인상 수상.

한국체육대학교 학술교양총서 003
한국의 스포츠신문

초판 1쇄 인쇄 2020년 7월 13일
초판 1쇄 발행 2020년 7월 21일

지은이 김경호
펴낸이 최종숙
펴낸곳 글누림출판사

편 집 이태곤 문선희 권분옥 임애정 백초혜
디자인 안혜진 최선주 김주화
마케팅 박태훈 안현진

주 소 서울시 서초구 동광로46길 6-6(반포4동 577-25) 문창빌딩 2층(06589)
전 화 02-3409-2055(대표), 2058(영업), 2060(편집)
팩 스 02-3409-2059
전자우편 nurim3888@hanmail.net
홈페이지 www.geulnurim.co.kr
블로그 blog.naver.com/geulnurim
북트레블러 post.naver.com/geulnurim
등록번호 제303-2005-000038호.(2005.10.5.)

정가는 뒤표지에 있습니다.
ISBN   978-89-6327-615-1 94690
        978-89-6327-604-5 (세트)

• 이 도서의 국립중앙도서관 출판예정도서목록(CIP)은 서지정보유통지원시스템 홈페이지(http://seoji.nl.go.kr)와 국가자료종합목록 구축시스템(http://kolis-net.nl.go.kr)에서 이용하실 수 있습니다. (CIP제어번호 : CIP2020027853)